Reise
ZUR
BADEWANNE

VON
W. SCHORAT

ISBN-978-3-932209-17-8

12.7.85

Da fliegen Wolken mit schwarzer Seele. schwarz wie die Seelen der Pfaffen und ihre Kleidung. Schwarz wie die Pest die sich heute als Aids erkennbar macht. Schwarz wie die Sonne wenn sie versucht der Mond zu sein.
Da sind Autobahnen aus Rock'n Roll. Da sind auch Feldwege mit dieser geilen Schönheit die nur natürlich ist. Sie ist kostenlos.
Und nun die Frage :
Warum macht ihr so viel Ärger im Paradies? Es könnte doch so schön sein !
Und weil Niemand
Der übrigens über-all lebt und stirbt
Ihm diese Frage beantworten konnte
Möglicherweise auch aus gesellschaftlicher Verklemmung durfte
Zog es ihn hinaus aus dem Jubel Trubel High Life der Stadt München
Um die Badewanne zu finden.
Ja man muss das.
Energie und Leben ohne Bewegung.
Und das hatte er nun vor sich.
Ein Trip durch die Bundesrepublik um diesen Platz der Badewanne zu finden, vergleichbar mit Exkalibur, vergleichbar mit den Paradiesvögeln.
Denn es darf nicht vergessen werden
Wer in seinem Leben die Badewanne nicht findet
Ha
Der muss nochmal das gleiche Leben leben

Wenn er kurz vorm Sterben ist.
Ist das Gut.
Ist das schlecht.
Das ist sicherlich schlecht. Alles, das gleiche nochmal, nur um herauszufinden wo der Weg zur Badewanne ist ! Den er nämlich vorher verpasst hat. Glücklicherweise hatte er - der hier - es nicht vergessen.
Samstag der 13 Juli 1985 ganz früh. Ganz im Stillen und schon fuhr er aus München auf die große Suche. Sein blechernder Begleiter der 14 Jährige VW-Bus schepperte solide mit ihm.
Zuvor der Abschied von der Geliebten, die heute nach Zürich fliegt um dort mit ihrem Verlegerchef seinen Geburtstag zu feiern. Aber am nächsten Freitag würden sie sich in Hamburg treffen.
Er, der Badewannensucher, trotz dieser Fahrt, brauchte noch Ruhe und Erholung. Denn 6 Monate hatte er jeden Tag, Mengen Blut verloren. Einfach verloren und er konnte es nicht wieder finden. Aber die Ärzte stellten Diagnosen und er sollte Kortison schlürfen ! Das tat er nicht und der Darm blutete weiter. Die Gifte wurden ihm einfach zu viel. Kortison macht Blind, Taub, Stumm und Unfruchtbar. Das nur als Anfangssymptome - danach gehts erst richtig los !
Doch als er die Beschreibung sah
Er schaute nochmal
Dann überlegte er nicht
Die Gifte waren ihm schon vom Betrachten viel zu viel.
Und so ging er zum Heilpraktiker.
Ein bekannter Mann in Bad Tölz
Er machte die Irisdiagnose
Und siehe da der Heilpraktiker stellte fest das ein Überschuss an Säure im Körper war !

Das stimmte, denn er hatte zu viel Ascorbin - Säure zu sich genommen. Die Vitaminapostel der Gesellschaft die Professoren und die Konzerne. Wenns nach denen ging sollte man nur noch Vitamine essen. Weil dann das Geld in deren Kassen gelangt, das dann wiederum zum Essen da ist. Roh. Ordinär. Ignorant. Unwissend.

Weil man dich dann abhängig macht. Du hängst dann also rum. Baumelst im Wind der Hoffnungen von Falschen Fünfzigern.

Er wusste das große Konzerne bekannte pharmazeutische Konzerne damals, dahinten, vergangen, doch auch klipp und klar Heroin und dergleichen mit riesen Reklameunterstützungen unter die Leute gebracht hatten, als Heilmittel. Heil im Sinne von ganz, nahm er an.

Bis es allgemein bekannt wurde das Heroin kaputt macht. Hans Georg Behr lesen würde die Infos zu diesem Thema bringen.
Nun gut
Wo sind die Wiesen
Wo ist die Badewanne
Die Superbadewanne wird natürlich nicht im Kulturpark zu finden sein. Auch nicht auf Prunkalleen. Weder noch dort wo Getreide geerntet wird.

Für solch eine Superbadewanne wird Weideland gebraucht. Und zwar meistens Flachland. Natürlich wird auch nicht ein daherspazieren auf der Autobahn zu machen sein.

Es müssen die Kleindörfer Kleinstädte und Nebenstraßen sein.
Nebenwege auch !

Alles muss also mehrere Stufen langsamer vor sich gehen.
In Bayern wird die Badewanne so gut wie selten gefunden. Die Fahrt durch die Dörfer, in denen alte Omas von selbstgebrautem Bier angefeuert durch die Gassen tänzeln, wars leider nicht ! Noch

mit dem Image von der Geliebten in sich, fuhr er nun schon auf der 13 Richtung Reichertshausen - Pfaffenhofen. Das hat wohl was mit den Steinzeitgestalten der Pfaffen zu tun. Dörnbach - Ingolstadt. Die Stadt muss mal in Gold gelegen haben.

Eine, nur eine einzige Badewanne, auf der Seite liegend, auf einer Schafswiese. Aber das war sie nicht !
Aber das Land war zum verlieben. Warm. Kein Wind. Die Gerste wurde schon geerntet. Ein starkes Gefühl der Zuneigung zu diesem wärmedurchleuchteten Land, durchflutete ihn während der Fahrt des öfteren.

Er wollte aussteigen und die Wiesen umarmen die Bäume küssen die Wälder streicheln. Der Sommer war einfach fantastisch. Natürlich liebte er den Sommer und das Land.

Weiter gings über Eichstätt - Weißenburg nach Gunzenhausen. Was für ein Name. Gunzenhausen . Dann durch Ansbach. Vorbei an kleinen freien Reichshauptstädten die noch aus dem Mittelalter ihre Scharmigkeit der Bauten ausstrahlten.

Aber das Land lächelte. Auch die Zeit lief schneller. Wer weiß wohin !? Wo sie hin wollte. Sie konnte ja nirgendwo hin. Sie musste immer hier bleiben. Die wissenschaftliche Zeit die zeitverschieden sein soll , ist nur eine Teilzeit, wie Teilzeitarbeit. Sie ist bloß Uhrzeit und keine Zeit. Zeit ist bloß ein Wort ohne Sinn ohne Bedeutung, Damals in der Vergangenheit von der Unwissenheit der Ignoranz aufgebaut in ihren Hohlköpfen. Jetzt ist sie in allen Köpfen und hat sie auch hohl gemacht. Es ist nichts Echtes an ihr an dem Wort das auf sie hinweist so als ob es sie gäbe.

Der VW-Bus kam mit der Schnelligkeit der Zeit nicht mit. Kurz vor Würzburg, eine Burg voller Würze, Intrigen, Blutschande, Korruption, Bestechung, Morde und so weiter, da war es schon 15 Uhrzeit.

Das war ihm zu langsam. Nur 200 Kilometer.
Eine Badewanne und 4,5 Stunden Uhrzeit Fahrt.
Kurzentschlossen bog er auf die Autobahn nach Kassel.
Bis dort hatte er vollkommen erkannt dass im Süden der Bundesrepublik die Badewanne nicht gefunden werden kann. Nun durchraste er die Republik, die aus Bäumen und aus Feldern und aus Dörfern und aus Wasser und aus Erde und aus Luft und Wolken bestand, um an die gefragteste Badewanne der Nation zu kommen. Ja womöglich Europas und dem Rest des Globus Terra Korruptus. Terra Raubmenschuss.

Denn auch seine Uhrzeit war beschränkt. Sie war nämlich Bildungslos. Also Klar. Also Unverbaut. Also Unkorrupti.

Oft fragte er sich ob er deswegen auch beschränkt war. Dabei hatte er garkeine Schränke Zuhause. Wenn Uhrzeit aber beschränkt ist, ist es dann der Homus Korruptizirkus auch ? So müssen wir dann abends anders Predigen und Beten. Zeit ist unbeschränkt weil keine Scharniere anzubringen sind. Zeit ist eben Zeit und Uhrzeit ist Grenze oder Erde, auf der Homus Korrupti womöglich bald ein Schwuppti, also ein Homus Selbstblödus sein wird. Und keine laue Nudel der Wissenden. Jaja, die Wissenden, weiß ich, ja weiß ich, natürlich weiß ich, und der Moment kommt bald, wo die Erde dann anfängt zu taumeln, denn, die Wasserköpfe die nun erschaffen werden, die so aufgebläht sind, von diesem riesen Wissen, und weiß ich, kenn weiß ich, das ist enorm, der Auftrieb, der weltweit gesehen werden kann, der immense Blähungseffekt , deswegen werden ja bald auch gepanzerte Anzüge und Schuhe in Mode sein, damit der Aufstieg zum Auftrieb, verhindert werden kann, denn sonst ist Mann und Frau ja nixi und hat ja auch nixi, außer dem immer größer werdenden Wasserkopf des ungemeinen Wissens, dem Enormen Wissen.

Bloß diese Infos umsetzen in Wissen und Relativwahrheit damit haperts. Aber bestimmt bloß deswegen weil ja das Wissen so Enorm ist. Und der Menschi selbst so winzig erscheint. Naja, wenn er sich auch für die zukünftige Leiche hält, dann kann das schon Leichenwissen werden.

Also gings nun richtig los. 100- 110 volle Wasserpulle in der Stunde und das zwei Stunden lang. Dann war die Generatorlampe an. Sie ging einfach nicht aus.

Und da es nur Originale gibt, war das auch trotz alter Erfahrung Original. Selbst alte Erfahrung ist Original.

Ohhh jeeeh, wäre er doch nicht soo schnell gefahren. Der Motorkopf hat kaputte Zylinderkopfdichtungen. Bei der Geschwindigkeit wird der Motor zu heiß, das Öl zu dünn und dann kanns leichter entweichen. Und so auch in den Generator kommen, dem dann die Kohlen verölen, und somit kein Kontakt haben. Fazit die Generatorlampe leuchtet Rot auf. Generator ist = Lichtmaschine.

Aber es war ja noch früh und es war kurz vor Fulda.
Vielleicht sollte er in Fulda abbiegen, wieder auf die gute Landstraße kommen. Durch die Dörfer fahren. Langsamer werden. Der Wagen ist nun 15 Jahre Alt und Jung und er der Fahrer hatte auch nicht viel Geld um die Altersbeschwerden andauernd zu reparieren. Da half nur wohltemperiertes rücksichtsvolles vorsichtsvolles Fahren. Er konnte gut die Zusammenhänge sehen die zwischen den Kosten des alternden Autos und dem Faschistendenken also Raubmenschdenken der Kostenbezogenen Kausalitätsarschlöcher in Bezug zum Kranksein bestand. Ganz Subtil schön versteckt unter vielen wunderbaren lächelnden höllischen Fratzen und sogenannten Begründungen werden auch alte Menschen wegen der „Kosten „ bald nicht mehr die Medikamente bekommen die ihre Physis

noch ein wenig länger herumtorkeln lassen würden. Der Satan ist so sagen die Spatzen. Und was ist der Satan fragten die Elstern ? Der Satan ist der Raubmensch oder anders formuliert der Faschist das Raubtiermenschliche. Ja, ja, die negative Macht findet immer Wege das Üble nicht zu viel kosten zu lassen. Das muss alles sehr rational gehen torkeln oder rennen. Am besten noch Rasen. Weil dann gar nichts mehr erkannt werden kann, und die Globalisierung der Globalmassenverblödung so richtig gut geölt ist. Aber ganz wichtig das muss Demokratisch sein. Also das ist Demokratie. Menschen gibt es schon bald nicht mehr. Es gibt jetzt schon nur noch Christen, Juden, Moslems, Hindus, dann gibsn noch Deutsche, Chinesen, Amis, Und es gibt Politiker und ganz ganz wichtig es gibt die Wissenschaft und es gibt die Mathematik. Gestern habe ich noch mit der Mathematik Kuchen gegessen. Jajaja. Da gibt es noch die Staaten. Einmal war ich mit einem Staat im Englischen Garten Spazieren gegangen. Man das war schön. Und dann gibt es doch tatsächlich die Politik. Die trägt immer farbige Unterwäsche. Ich werde bald eine Nacktfotoserie mit ihr machen, für die Medizin. Aber die Medizin die steht mehr auf synthetische Gifte , da lebt die so richtig auf und wird sehr munter, weil damit zwei ganz ganz wichtige sozusagen Wohltätigkeiten gemacht werden, nämlich, erstens, mit den Gift wird alles Gesindel erstmal Platt gemacht, und zweitens, das Geld fließt dann leichter, weil kein Wiederstand mehr da ist, denn der Zahler ist ja Platt. Ja ja, was es alles so gibt. Wenn die Rote Lampe aufleuchtet.

Aber auf der Landstraße mit höchstens 80 km/h das war doch Okay. Ja, und dann, nach einigen Kilometern ruhiges Fahren mit 80 ging die Lampe wieder aus. Er hatte inzwischen 1 Liter Öl nachgefüllt. Und nun konnte das Öl langsam nach außen gedrückt werden. Jenes das wohl in der Lichtmaschine dem Generator

war. Und wenn kein neues hinzu kommt war ja alles okay.
Ohhh prima.
Trotzdem, etwas später, ging die Generatorlampe wieder an.
Und das auf der Suche zur Badewanne ! Was soll das bedeuten ?
Völlig unwissenschaftliches Denken, was soll das bedeuten ?
Auf der Suche zur Badewanne dürfen keine Autopannen passieren.
Mal abwarten bis oder ob das Lämpchen nun doch wieder erlischt.
Er wird nun aber wirklich nur noch 80 fahren. Wirklich, nicht schneller.
Aber das Licht verlöschte nicht. Es wollte wohl ein Überrelativlicht sein. Es verlöschte auch nicht als er an Kassel vorbei fuhr. Und auch nicht auf der Autobahn Richtung Dortmund.
Langsam stiegen Wehmutsgedanken auf die ja stark nach Wehrmutsgedanken liegen, in ihm auf. Er kam sich auf einmal ganz alleine vor.
Vor was.
Vor der Realität natürlich.
Na und.
Wie, na und, sie war augenblicklich nicht so wie sie sein sollte.
Wie, sein sollte !
Realität stört sich nicht um, sein sollte. Aber jeden Tag ist die Realität anwesend. Ob die zur Universität geht, denn die ist mir zu Dumpf, die muss zur Universität gehen, laufen , rasen.
Was ist das bloß für ein einsames leben. Ja, einsam, nicht alleine.
Diese Reiserei auf der Badewannensuche. Was soll das eigentlich,

fragte er sich. In München hatte er die gemütliche Wohnung. Da konnte er zum Langbürgner See gondeln, den liebte er. Und nun der Generator. Er wollte keine Pannen haben. Und so schlich sich unwach wie er zur Zeit der Uhrzeit war eine Wehmut nach der anderen an. Ihm wurde ganz trübe ums Herz und um den Kopf herum. Der Heiligenschein wurde schwach.
Reisen, Reisen, was soll das bloß ?
Auf einmal wollte er sich auf nichts fremdes mehr einlassen. Das Strauß steck den Kopf in den Sand Syndrom erschien in ihm.
  Sei glücklich sagte er zu sich.
Sei wieder glücklich.
  Du weißt doch, Sorgen machen macht nur Kummer.
Alles wird nur schlimmer.
  Du willst Fehler doch nicht mehrere male machen.
Das mit dem Generator war eine dumme Situation. Er wollte ganz einfach keinen Generator reparieren. Allein schon der Arbeitsgang der lange, und nun knattert auch noch der Auspuff verdächtig laut.
  Die Löcher die Löcher.
Dann fing der Wagen in niedrigen Touren schlecht zu ziehen an. Als ob er Druck verloren hätte. Die Steigungen konnten nun anstatt mit 80 nur mit 50 gefahren werden. Dabei knatterte der Auspuff besonders stark.
  Ohhhh Badewanne wo bist du.
Es war nun schon 18 Uhrzeit. Er würde eine Erholungspause einlegen. Essen. Den Motor und sich, abkühlen lassen. Vielleicht sinkt das Öl weg von den Generatorkohlen. Vielleicht.
    Irgendwo auf einem Parkplatz kurz vor der Abzweigung Diemelstadt hielt er an. Auf diesem Parkplatz war auch ein extra Picknickplatz zu dem man in eine kleine Mulde fahren musste und sein Auto vor den Picknickbänken parken konnte. Das war

schön !

Niemand anders Picknickte dort. Aber deswegen wars nicht so schön.

Er brauchte Hilfe auch wenn es jetzt das Essen war. Das Essen war Hilfe. Aber für wie lange noch ? Irgendwann hilft auch die gesündeste Superkost nicht mehr. Keine Gymnastik, Yoga oder andere stärker machende Fummeleien.

Nach 30 Minuten fuhr er wieder los.

Das Generatorlicht brannte immer noch. Aber Flammen waren nicht zu sehen. Irgendwie war das rote Licht nicht das wahre Licht für die Badewannensuche. Und nun gings schon dem Abend zu.

Er würde nicht in die Nacht hineinfahren können. Nicht weil die Nacht nicht ihre großen Tore offen hatte. Nein. Er war nun vom Sonnenlicht wieder ganz abhängig, denn der Generator würde ja keinen Strom bringen. Also den Amazonas würde er nun nicht gleich haben wollen.

Aha.

Lichtlos und mit Eigenlicht.

Die Entwicklung durch das Kunstlicht wie wichtig war sie geworden ?

Dann bog er, etwas Kopftrübe, auf die 51 in Richtung Lippstadt. Gleich an der ersten Tankstelle, Aral, fragte er nach einem Hochdruckstrahler. Doch der Tankwart fand die Situation wohl komisch und verneinte grinsend.

Bei der zweiten Tankstelle gabs auch kein Heißwasserstrahler. Aber er fragte dann nach Luftdruck. Das hatte der Junge, nach westfälischem Bauern aussehend, rotwangige Tankstellenbetreuer. Also blies er nun das Öl, hoffentlich, aus dem Generator. Aber auch das wirkte nicht.

Nun war es schon 19,30 Uhrzeit. Nicht mehr allzu lange bis

zum Sonnenuntergang.

Er wollte und musste diesen Generator wieder funktionabel machen.

Und dieser Wille brachte Schwung und Tatkraft mit sich. Der Kampf ums Licht hatte begonnen.

War die Suche zur Badewanne nicht auch die Suche zum Licht. Ist die Badewanne nicht selbst der Behälter des Lichts.

In Rheda - Wiedenbrück hatte noch eine Tankstelle - Shell - auf. Es war schon 20,20 Uhrzeit. Und tatsächlich, da war die Autowaschanlage in vollem Schwung.

Er ging zu einem struweligen jungen Mann, der gerade die Stoßstange an seinem roten R4 montierte und erklärte ihm die Situation. Tatsächlich, die hatten einen Dampfstrahler. Der Renault Mann riet ihm ab, Wasser in den Generator die Lichtmaschine zu blasen. Besser wäre es den Generator auszubauen und zu reinigen. Doch davon wollte der Badewannenapostel nichts wissen. Noch nicht. Er hatte Erfahrung mit dem Auswaschen dieses Generators. In München hatte es funktioniert. Also erstmal diese 5 Mark wechseln und dann rann an den Hochdruckstrahler. Der stand hinten auf dem Hof.

Ein Blonder der dort neben dem Eingang zur Autowaschanlage stand fragte : „ Der Wagen hat wohl auch schon etliche Jahre auf dem Blech, wa."

„ Ja , 15 antwortete der Badewannensucher."

Da musste der Blonde erstaunt lachen. Denn die Mode war ja das man seine Hemden, Schuhe, Jacken und eben auch das Auto, jedes Jahr wechselt. Wegen der technischen Erneuerungen, Sicherheit, dem Fahrkomfort. Und das hier war ein altes Stück, das man kannte und jeden Muckser sofort bemerkte. Durch den Fuß am Gaspedal erfühlte.

Mit Power wurde nun das heiße Wasser in den Generator

gedrückt. Das Wasser wurde aber nicht brühend heiß, ohh jee minee. Das würde auch nicht helfen, denn der Generator muss ausgekocht werden. Also musste Motorreiniger her. 7,20 DM eine Sprühdose. Der Generator wurde nun damit eingesprüht. Mit dem dünnen Plastikröhrchen an der Sprühdose konnte er tief tief bis ins tiefste des Generators sprühen. Und das bei laufendem Motor ! Und Mensch, kam da Öl raus. Fast mehr als noch im Auto war, im Motor. Sollten die Generatoren der Zukunft die Ölwannen der Motoren werden ? Danach ließ man dann den Hochdruckstrahler das gelöste Öl wegpusten. Fast die ganze Sprühdose war verbraucht. Dann, endlich, kam kein Öl mehr aus dem Generator. Hoffentlich sind die Lager nun nicht spröde. Ungeschmiert.

Dann reichte es ihm. Er beschleunigte den Motor ganz hoch und sofort ging das Generatorlicht aus. Doch bei normalen Umdrehungen war es immer noch da. Trotzdem das war ein sehr gutes Zeichen. Schnell noch 25 Liter Benzin hinzugetankt und ab gehts Richtung Rhine.

Tatsächlich , kaum auf der Straße ging das Licht sofort aus. Hurrraaaaaahhhh.

Das Licht ist wieder gerettet. Man kann in die Nacht fahren die schon mit offenen Armen wartete. Und vor ihm war ein satter runder roter Ball. Die Sonne. Es war schon 21,10 Uhrzeit.

Sofort war alles verschwunden. Die Sorge die schwere des inneren Gejammer und die Suche nach dem Glück in einem. Er war erleichtert und fühlte sich wieder bestens. Sofort nahm er zwei junge Mädchen mit die zu einer Fete nach Freckenhorst trampten.

Früher gabs mehr Feten meinte eine von ihnen. Dann hielt er kurz hinter Telgte an einem fein aussehenden Landgasthaus an. Da war auch ein schöner Parkplatz wo er unter einer großen

Linde im Auto schlafen könnte.

Innen drinn standen die Leute an der Theke. Westfalen unter sich !
Die Wirtin und andere schauten ihn sehr westfälisch an. Ein Neuer. Der sieht aber anders aus. Der hat andere Kleidung und einen Ohrring im Ohr. Auch noch im linken.

Mürrische Westfalenblicke waren auf ihn gerichtet. Er bestellte ein kleines Bier. Nach einigen Minuten stellte die Wirtin ein Bier zwischen den anderen Biergläsern hin. Ohne was zu sagen. Nachdem keiner das Bier nahm, fragte er die zwei Westfalen vor ihm ob das Bier für sie bestellt ist. Doch die kriegten ihre Westfalenmäuler nicht auf. Ja sie schauten ihn so öde an so muffelig wie Vieh einen manchmal anschaut, wenn man an ihnen an der Wiese vorbeigeht. Als keiner was sagte nahm er das Bier und trank es in einem aus.

„ Das muss aber gut sein sagte dann einer mit vorstehenden Zähnen und großen Zahnlücken, etwa 60 Jahre alt."

„Ist es auch ,, antwortete er.
„Wo kommst du her" fragte der Alte. Bist du auch zum Pilgern nach Osnabrück gekommen.

Nein, nein, ich suche die Badewanne, ich komme aus München.
Stille.
Bist du zu Fuß fragte der Alte nochmal.
Nein, nein, mit dem Auto.

Ahh, das Bier bei euch in München, da is dat wohl nix wa.
Doch das schmeckt prima.

Ja, es muss einfach, nichtwahr, sagte der Alte dann noch.
Die beiden Muffelköpfe vor ihm schauten immer noch blöde.

Dann zahlte er und ging wieder.
Im Dunkeln nahm er dann noch zwei junge Leute mit. Sie

wollten nach Emsdetten. Beide hatten die Nase von der Schule ganz ganz voll. Er war 17 war jetzt schon Vollblutmacho, sich auf seine Muskeln verlassend.

Kaum hatte er den Macho und seine Freundin abgesetzt war an der nächsten Kurve schon wieder ein Anhalter. Ein junger Inder. Der Inder wollte nach Münster, doch dorthin fuhr er nur ein kurzes Stückchen, dann musste er wieder nach Norden biegen ohne nach Münster zu gelangen. Der Inder sagte zu allem Ja. Er konnte auch kaum Englisch. Ja, egal wo, egal wie egal wann, es ist ein Abenteuer, insbesondere für jene die herumgewirbelt werden und im Freiflug überall landen müssen, so wie der Wind weht. Ein anderer Inder hatte in der Nähe ein Geschäft und bei dem konnte er mal etwas arbeiten. Er war aus Indien weggegangen, weil in Indien zu viele politische Massaker waren meinte er.

Dem Fahrer war auch bewusst das sich die Situation auf der Erde durch das Tier das sie noch waren und bleiben sollten, verschlechtert hatte. Die Macht will dass die Menschen Tiere bleiben. Es wird aber nicht funktionieren, denn, die menschliche Macht, hat kein Einfluss auf den Plan Gottes. Sie kann es sich schwerere machen, die Macht und andere, aber sie wird nicht Siegen können. Weil sie selbst das Tier ist das Raubmenschliche der Faschist.

Der junge Inder war der Inbegriff von Chaos und Konfusion. Das Gefühl war bei dem Inder der absolute Vorreiter. Er war dadurch ein Spielball der Situationen. Er hatte etwas bettelndes etwas Hilfloses etwas Mammihaftes, an den Brüsten hängendes an sich. Es war unmöglich sich mit dem Inder auf seine Chaosgefühlswelt einzulassen. Als er den Inder dann absetzte, stand er total verloren dort an der Abzweigung und wusste nicht wos lang ging. Er hatte scheinbar keine innere Koordination.

Man musste ihm ganz genau sagen, beschreiben, was er nun als nächstes zu tun hat. Das war seine Pflicht als Autofahrer, denn der Inder war einfach verloren in dieser großen Welt. Das war alles zu viel für ihn. Also erklärte er ihm sogar nochmal wie er sich an der Straße hinzustellen hat, damit er leichter mitgenommen wird. Nicht so Mickrig und Unscheinbar.

Lange blickte der Inder dem Auto nach, als es von ihm wegfuhr. Mensch war das ein anhänglicher Mensch. Der passte so richtig in die Guruszene hinein, dieses total Hingebungsvolle kam bei dem Inder voll zur Geltung. Mit dem hätte jeder totalblöde Guru seine Freude. Der würde ihm schon die Schuhe putzen oder das Hemd nähen, die Suppe kochen, und die Erleuchtung abnehmen.

Als er dann bis nach Emsdetten gekommen war, dem Zentrum, die beiden hatte er zuvor an der Peripherie rausgelassen, und der Inder stand irgendwo dazwischen, trank er sich noch an der Kneipe 2 Bier. Er saß da draußen und schaute ab und zu in das Lokal hinein. Boris Becker wurde von Harry Valerien befragt. Danach bog er in eine Nebenstraße ein, parkte das Auto und schlief sofort ein.

Sonntag 14.7. Neinzehnhundertfünfundachtzig.
Gut und ruhig hatte der Badewannensucher geschlafen. Gegen 7 Uhrzeit wachte er auf. Vorm aufwachen hatte er Intensiv von der Badewanne geträumt. Der Tag fing also richtig Badewannig also gut, an.

Jetzt am Sonntag Morgen hoppelten tatsächlich einige Kaninchen auf der Nebenstraße herum. Ein Gartenrotschwanz schnappte am Zaun neben dem Weg nach Insekten.

Der Badewannenpilger machte sein Bett erst nachdem er sich einige male genüsslich gestreckt hatte. Jetzt hat er also schon Badewannenträume. Sollte das bedeuten das er heute die

Badewanne finden würde ? Oder war es überspannt mit diesem Suchen nach ihr, vor ihr, neben ihr.

Noch mit den Gardinen vor den Autofenstern frühstückte er ohne sich den sonst üblichen Tee zu brühen. Er aß Wasser und trank ein Knackmüsli mit Sahne und Joghurt und vielen Getreidesorten und natürlich, viel Honig.

Währenddessen kam schon mal einer, jemand, ein Mensch, mit seinem Hund vorbei, und schaute ins Auto ohne zu merken das dort einer drin saß und aß.

Gepinkelt wurde, entwässert wurde, Uriniert wurde, ins dafür besorgte Gurkenglas und der Verdauungsabfall, der Kot, die Kacke, die Darmausscheidungen, der kam in die Plastiktüte. Sogar Rasieren, mit Elektron, kam hinzu bevor er da auf der Nebenstrecke zur Hauptstrecke losfuhr.

Er fuhr über Rhine nach Niedersachsen rein. Kuhcountry, so sah es aus. Das muss Badewannenland sein. Hinter Lingen bog er von der 70 links ab nach Geeste. Dort war tatsächlich schon die erste Badewanne dicht bei einem Bauernhof. Aber sie war nicht die Auserlesene. Jedenfalls sah das Land hier vielversprechend aus. Sogar Öl wurde hier gepumpt. Wo Öl gepumpt wird werden Badewannen gebraucht.

Weiter gings durch Feldwege vorbei an glotzenden Kühen nach Schwefing und dann durch die Stadt Meppen. Weiter dann auf der 402 Richtung Haselünne. Dann links hoch eine schmale Straße Richtung Sögel, dort sollten die Hünengräber sein. Aber was auf der Landkarte nach Badewannencountry aussah, entpuppte sich als verstreutes Wannencountry. Auch durch die Moorlandschaftsdörfer keine Badewannenfunde. So entschied er sich auf die 401 zu kommen und entlang dem Küstenkanal nach Oldenburg zu zuckeln. Aber auch dort keine Wanne in Sicht.

Schöne Häuser. Versuche, Moore trocken zu legen. Kaum

Verkehr. Ärmere Dörfer. Aber kaum Badewannen.

Oldenburg zeigte sich als eine sehr sympathische Stadt. Sah so aus. Aber dort fuhr er eben auch nur durch denn in der City dem Zentrum eine Badewannen zu finden ist sehr sehr selten, außer in Geschäften. Er war schon wieder im Moor auf der 211. Dort fand er ganze 3 Badewannen. Dann mit der Fähre rüber nach Sanstedt. Von dort nach Hagen - Bramstedt - Bashdal - Ebersdorf - bis zum Ende der 495 wos nur noch mit der Fähre über die Elbe nach Glückstadt ging.

Ihm tat schon der Torso weh und das Sehen wurde müde. Immer nur Fahren Fahren Schauen Schauen Badewannen suchen. Auf der Fähre gönnte er sich ein 1,50 Mark leckeres Nusseis. Die Gruppe der Motorradzocker aus Heide die auch auf der Fähre waren sahen wüst aus. Er dagegen sah zahm aber wach aus.

Das Wasser der Elbe sah Braun aus und war giftig dazu. Braun und Gift das ist eine Altdeutsche Symptomanie. Daraus würde er bestimmt keine Fische mehr essen. Es gab ja Nusseis. Nusseis auf der Elbe das gabs früher als es noch Lachse und Störe in Massen in der Elbe gab nicht. Wenn also Nusseis auf Flüsse geht kann man davon ausgehen das die Flüsse verseucht sind, chemisch verödet. Chemiker sind sowieso blöde und Unwissende.

Dann ist es aber auch angenehm in eine glückliche Stadt zu gelangen diese Glückstadt. Und so wars auch. Durch Glücksstadt - durch - und schwupp - das Badewannencountry fing nun wirklich an, endlich - unendlich. Tatsächlich aber noch nicht in vollem Schwung. Aber es war definitiv das Badewannencountry.

Kein Land der Erde ist so sauber. Kein Land der Erde hat außerhalb der Erde und außerhalb der Häuser so viele Badewannen so viele Badegegebenheiten so große Möglichkeiten sich und Umgebung zu säubern. Und sogar das Vieh das keines war lebte von dieser Sauberkeit. Denn das Vieh war bloß der Blickwinkel und die Mentalität und damit verbundene noch Tiergeistigkeit derjenigen die es so behandelten und so sahen, mit ihren Blinden Augen und ihrem Blinden Geist aus Gewohnheiten und Unwissenheit. Und mit ihrer immensen Selbsttäuschung in Bezug zu ihrer zukünftigem Leiche, sich selber, ihrem Körper, von dem sie meinten das zu sein.

Trotz der Badewannenschwemme trotz der sichtbaren Badewannenhimmel trotz der angebotenen sichtbaren Erleichterung waren die Menschen schön verwöhnt, also Hilfloser und Schwächer, so machten sie keinen Gebrauch von den Möglichkeiten, draußen im freien ein Bad zu nehmen. Den vorbeifahrenden Reisenden und Wirren oder Psychopathen und Heringsfressern zuzuwinken.

Ja sogar den Störchen, während man sich einweicht, beim Froschfang zuzusehen! Zuzuträumen und Offenzuspinnen!

Diese fantastische Möglichkeit steht sich der SchleswigHolsteiner nicht zu! Obwohl, wenn Indien in Schleswig-Holstein mit seiner unvorstellbaren Armut und Reichheit, hier wäre, wären sämtliche Badewannen voll belegt. Und sogar große Warteschlangen wären zu sehen. Manche mit Giftzähnen unter dem verfransten Hemd. Manche mit Lotosgesichtern andere mit Hymnen ihrer Götter, die dann wiederum die Kühe hypnotisierten, die eiligen Heiligen Zapfsäulen der Gheebutter.

Deswegen, weil Holstein das größte Badewannencountry der Erde und dann gleich noch der Welt ist - obwohl ja keiner die Welt kennt - und Indien nicht in Holstein liegt - ist dieses Land also das sauberste Land der Erde. Auch auf dem Mond der ja nun Denis Hope gehört, war bisher keine Badewanne entdeckt worden. Jaja die Habgier und der Traum irgendwie Geld zu machen in diesem Übergangsstadium vom Tiermenschen zum

Menschen zum Göttlichen Menschen. Dann wird Geld als das erkannt werden was es ist, die Ausgeburt der Ignoranz der Raubsäugetiere. Aber sobald die erste Badewanne auf dem Mond sein wird, muss Denis Hope den Mond wieder frei Fliegen lassen, da Badewannen das Licht der Wahrheit - Sauberkeit und Leichtigkeit sind.

Und da es auch noch keine Badewannen auf dem Mars gab, oder auf Pluto und in den unzählbaren Galaxien und unzählbaren Universen der unterschiedlichsten Dichtigkeiten war Schleswig-Holstein der Gewinner des Diamantenen Goldenen „ Badux " Einer Gold-Diamant Wanne.

Tja, und deswegen war er, er stellt sich nun vor, Heinz Badeschaum. Deswegen ist er hierher gekommen.

Heinz Badeschaum kam nun in Schwung. Auf jeder Wiese hinter Brunsbüttel sammelten sich die Badewannen.

Durch Süderdonn

Durch Warfendonn

Durch Dingerdonn

Durch St. Michaelisdonn und dann durch Meldorf. Alles prima Badewannencountry vom feinsten. Leuchtende Grünheit unter vibrierendem Blau. Hier lacht die Badewanne hier lacht der Badeschaum.

Störche stolzierten im Knickschritt erhaben vorbei an doppelglotzende Kühe die beide vor der Badewanne stehen.

Und dann gings in die Kooge.

Bersfleth und Christiankoog.

Vor dem Koog der Deich zur Nordsee. Hinter dem Koog der Inlanddeich. Zwischen den Deichen liegt der Koog - flach - Getreide und keine Badewannen.

Ahhhhh, endlich zur Seeeeee. Das Meeeer. Das trieb ihn nochmal an. Heinz Badeschaum war sehr leicht. Und dann der

Nordseedeich. HOOOch - glatt und voller Schaaaaaafe. Die halten den Rasen schön wie im Bilderbuch der Fantasien. Und überall musste man eine besondere Fahrerlaubnis haben. Nur damit man an den Deichen entlangfahren konnte. Doch der Heinz Badeschaum hatte sich soeben selber eine Erlaubnis ausgestellt.

Dann das Geschrei das Gezeter das Gequietsche und Geschrammel.

Die Austernfischer schriiiekten am lautesten. Aber auch die Schnepfen waren nicht zu verachten. Sehr viele Vögel hier oben. Schöne Töne diese Einsamkeitstöne. Das Ende der Töne.

Heinz Badeschaum bemerkte den eigentümlichen Zauber dieser Flachlandschaft die durch die Norddeutschen Alpendeiche ihre gleiche Höhe behält. Obschon es schon Abend war fuhr er weiter bis zum Wesselburner Koog und dann am Eidersperrwerk zurück nach Wesselburn wieder die Augen auf um die Badewanne zu finden.

Dann gings weiter nach Hennstedt. In diesem Dorf hatte Heinz Badeschaum seine ersten 7 Jahre erlebt. Diese Reise sollte die letzte zu diesem Dorf sein. Das wusste Heinz Badeschaum jetzt noch nicht. Aber zwei Tage später würde er es wissen. Denn da war auf einmal die Vergangenheit nicht mehr Realgleich. Die Jetztheit würde das Schöne der Vergangenheit zum Negativum ändern.

Doch nun ging er in eine Kneipe ein Wirtshaus und ein Gasthaus an der Ausfahrt des Dorfes Richtung Horst. Dort aß er Pommesfritz und eine Currywurst - und musste feststellen - dass das gesamte Palaver der Innenwelt und dieser Weg der inneren Ruhe wirklich nur Früchte trägt wenn man konsequent seine Mundfabrik zu macht und alle Arbeiter entlässt die Gedanken die Fantasien und die Lebensenergie. Oder die Gedankengänge

zubetoniert und dann noch versiegelt. Ansonsten, ansonsten musste er dem Gehirnmotor freien Lauf lassen mit all den Konsequenzen. Denn da war auch viel in der konsequenten Richtung in seinem Kopf. Auch die Badewanne schaffte es nicht immer den inneren Gleichklang zu bewahren. Also Ton. Also Wort. Also Musik. Also Schwingung. Also Bewegung. Also ein Beweger. Also ein Erschaffer.
   Aber sie war sehr gut.
Deswegen musste er sie finden, damit er sie der Öffentlichkeit anbieten konnte. Und sich selber .
   Seitdem er München verlassen hatte war er Spätnachmittag immer trübe geworden. Das war neu für ihn. Was sind das für neue Zustände. Was sind das für neue Offenstände. Was läuft da ab. Was läuft da weg in ihm.?
   War es möglich, das sich nun mit seinen 37 Jahren der Blick des Todes in ihm Moneyfestieren würde - wollte - tat.
   War das die Uhrzeit bei ihm. 37.
Würde sich bei ihm der Blick des Todes manifestieren.
   Wollte er sich nicht mehr aufbäumen. Oder ablegen. Auf Eichen setzen. Was dazulernen. Was werden. Neu anfangen. Das hatte alles auf einmal keine Bedeutung mehr. Stimmungen hatten sich eingeschlichen. Wie konnte ihm das passieren. Naja, irgendwann musste es ja sowieso kommen. Dafür muss aber auch der richtige innere Abschluss gefunden werden.
   Ihm war wieder so als ob die Reise zur Badewanne eine Reise werden würde die ihm etwas sagen würde. Sagen wollte. Doch hat eine Reise jemals schon ein Gespräch geführt. Ist die Reise überhaupt Wesen, wesentlich. Von der Vergangenheit mehr getrieben als geführt fuhr er dann noch weiter zum Ortsteil Horst, etwa 5 km entfernt. Dort im Ostermoor gab es Kiebitze, Rindviecher und Badewannen. Bloß schön waren die

Badewannen nicht. Nur schön Braun.

Heinz Badeschaum wollte eigentlich dort garnicht anhalten. Es war schon 22 Uhrzeit. Doch als er Willy von der Heyde noch auf seinem Fischerhof sah wie er im Schuppen das Licht ausmachte, ging er doch zu ihm.

Heinz Badeschaum wollte sich noch einen Angelschein holen. Angelscheine und Badewannen , beides hat ähnliches, beides hat was mit Wasser und Ernährung zu tun. Natürlich auch noch mit Regen, Hagel, ja sogar Wellengang.

Der Willy immer noch gebückt wegen seinem gebeugten Rückrat, stand da. Es war schon ein Kreuz ein gebeugtes Rückrat zu haben.

Was jetzt noch, sagte Willy von der Heyde ganz ruhig. Jetzt noch einen Angelschein haben ?

Die Vergangenheit war mit ihm und Heinz Badeschaum in Verbindung. Direkter und intensiver als mit anderen Menschen. Manchmal war sie nur mit einem Zwirnsfaden - wenn schon einer um Leder zu nähen - geölt - extra stark .
Und manchmal war sie mit einem armdicken Stahlseil nicht so unflexibel aber sehr sehr stark verbunden.

Beides war angenehm.
Willy von der Heyde nahm Heinz Badeschaum bei der Hand, an die Hand, nahm die Hand von Heinz Badeschaum, und führte ihn ins Fischerhaus.

Er der alternde Fischer. Schon über 60. Etwas gebeugt gehend. Beide kannten sich schon von der Kindheit Heinz Badeschaums her. Schon als Kind floh Heinz Badeschaum vom Gerieche der frischgeteerten Netze und Reusen. Sowas wird heute praktisch nicht mehr angewendet, da alles in Nylon ist oder anderen Supermaterialien, die sowohl Positiv als auch Negativ an Wirkungen sind.

25

Der Duft des Flusses der Aale und des Räucherns, das Blöken der Schafe mit dem Gesang der damals noch unverchemischten Natur, die Stürme des Regens, das alles hatte seine Jugend geprägt. Und die war nun mal romantisch schön. Die war natürlich viel Wind, viel Regen, viel Gras, und viel Freiheit. All das weitab der Großstädte . Bombay. Singapur. New York. London.
Im Haus saß die Frau des Fischers.
Sie hatte immer tiefe Augenränder. Sorgen. Das Wetter . Die Gedanken. Das Leben. Der Tod. Was soll aus einem werden. Sowas, das konnte Heinz Badeschaum raushören raussehen. Wer weiß ganz ganz genau, aber solche Sachen umgaben sie. Oder der Nebel im Herbst oder der unvollkommene Idealismus. Schon viele haben sich im Norden das Leben genommen. Insbesondere wegen des Grauen Wetters. Da hilft Medizin nicht. Auch nicht die Industrie. Menschen die so vom Wetter abhängig sind, so feinfühlig sich damit beschäftigen brauchen vielleicht mehr innere Freiheit.
Diese Frau des Fischers war solch ein Mensch.
Während Willy von der Heyde den Angelschein für die Woche für 12 DM ausschrieb, erzählten sich die beiden was so in der Welt los ist. Was man tut und wos überall anders langgeht.
    Für kurze Zeit kam die mögliche Schwiegertochter in die Wohnstube. Da wurde viel gelacht. Sie erwähnte das drei Besucher im Dachboden übernachten würden. Erotische Andeutungen wurden von ihr gemacht. Die beiden Alten lachten auch, als es gegen sie ging, und erwähnt wurde das sie sowieso kaum noch - überhaupt - tun sie noch. Täten sie es noch.
Willy von der Heyde erzählte von seinen Fängen. Den Lachsen, schon über 20 Stück in diesem Jahr. 15- 18 - 12 Pfund. Den größten hatte er damals, Jahre her, 36 Pfund, aus der Eider. Ganz wenige wissen dass in der Eider Lachse drin sind. Früher waren

überall wo die Flüsse Meerzugänge hatten Lachse drin.

Die Eider war der Geburtsfluss von Heinz Badeschaum. Dort hatte er seinen ersten Fisch gefangen. Seinen ersten Aal. Die großen Schwärme Glasaale am Ufer entlang schwimmen sehen. Abermillionen. Unzählbare Mengen. Die Angler die dort jetzt Angeln, denen ist es ein Rätsel das in der Eider Lachse sind. Denn solange sie zurückdenken können hatte noch nie einer einen Lachs an der Angel gefangen.

Willy von der Heyde fing sie ja in der Reuse.

Nachdem die nächste halbe Stunde mit Reden verging erwähnte die Fischersfrau noch dass es wohl Gewitter geben wird.

Heinz Badeschaum verabschiedete sich mit Gute Nacht.

Die Frau kam noch mit zur Tür. Das Haus war mit Schilf gedeckt. Sie schaute sich den Himmel an. Badeschaum fuhr mit seinem alten Blechgaul los.

Er fuhr aus dem Dorf Horst heraus und bog zum Eidercampingplatz ein. Nach 22 Uhrzeit ist Camping sowieso geschlossen. Aber sie haben dort einen Parkplatz den er benutzen kann. Denn bezahltes organisiertes Campen, nein danke. Das war nicht Heinz Badeschaum. Nur unter besonderen Umständen würde er das berücksichtigen.

Es war außergewöhnlich dunkel für diese Jahreszeit und Uhrzeit. Als er sein Bett gemacht hatte fing es auch schon kräftig zu regnen an. Ganz Südwestlich, noch weit weg, zuckten Blitzlichter auf. Mehrere gleichzeitig an verschiedenen Stellen. Aber Donner war nicht zu hören. Heinz Badeschaum wurde genüsslich müde. Den ganzen Tag fahren aufpassen Autodröhnen. Er freute sich schon auf den erholsamen Schlaf.

Das Gewitter, oder besser, die Gewitter, mindestens fünf, kamen schnell. Schon donnerte es fünf Kilometer entfernt über Hennstedt mit brausenden Winden und starken Regengüssen, so dass der Wagen hin und her schaukelte. Die Blitze wurden verdammt stark. Blitze mit sehr viel Licht. Und als sie dann in seiner Nähe waren war er garnicht so froh da in seinem Schlafsack, der Bärerprobt in Kanada war, da liegend und zum Fenster schauend, durch das Glas das aus Kieselsteinen war, mit ein wenig Vanillepuder vermischt. Es krachte und knackte nämlich ganz trocken.

Trockener feuchter Schampanjer ist ja schon fantastisch oder süffig je nach Wetter und Temperatur und je nach der Umgebung in der sich Heinz Badeschaum befand. Aber trockene Blitze sind sehr brechbar. Für den der davon überrascht wird. Es war so als ob ganz trockenes Holz von großer Stärke mit gewaltigen Kräften zerbrochen wurde. Manchmal zuckten 4 Blitze zur gleichen Uhrzeit Zeitlos im Zeitraum den es nicht gibt und in dem wir ja schwer umhersausen umher. Dann war es so hell dass das Vieh die gebildeten Kühe und die erlesenen Schafe die zusammenstehend an den Zäunen standen mit dem Kopf tief nach unten gebeugt und noch trauriger ausschauend als sonst schon, ganz klar und krass gesehen werden konnte.

Mhhhh , das war fantastisch. Also ein Fantasietisch.

Es sah so betrüblich aus mit dem stehenden Vieh ! Das soll das schöne sein dachte er nicht. Heinz Badeschaum versuchte das Schöne zu sehen. Er sah dann auch das Schöne indem es für ihn schön war. Traurig und leidend war das Getier das doch im grellen Blitzlicht schön aussah. Blitzartige Schattierungen in Blauweißen Lichtgrelligkeiten verschwanden ebenso schnell wie sie erblitzt waren. Die atmosphärische Entladung tobte von Minute zu Sekunde stärker und manchmal schlugen die Blitze ganz nahe ein. So sah es jedenfalls aus.

Nun gab es Blitz und Donner zur gleichen Uhrzeit. Der Wagen wackelte. Der Wind tobte so wild und natürlich als ob er sich da in der Dunkelheit von irgendwo losreißen wollte. Als ob der Regen daran Schuld wäre. Oder als ob es wegen des Regens war das er tobte. Dieses starke Getöse und Getobe und Gedonner und Fauchen und Reißen und Rütteln dauert sehr lange Uhrzeit. Aber trotzdem schlief Heinz Badeschaum gut ein. Denn wäre er hinausgegangen um sich dem wilden Getöse hinzugeben so wäre das wohl das frühe Voruhrzeitige zu frühe Ende von ihm gewesen. Der Wind hätte ihn zerfetzt. Und der Regen hätte ihn zerwaschen und so sauber wollte er auch nicht werden. Denn Badeschaummenschen müssen immer Schmutzkleidung tragen und nun im Schlafsack lag er ja als Adamevabadeschaum.

Als er später aufwachte stürmte und regnete es immer noch, doch der Donner hatte andere Töne bekommen vom knisternd knackenden zerbersten der Energie hatte sich er sich in ein Langstrecken Rolldonner geändert. Als ob der Donner nun von den Meereswogen übers Meer gerollt wurde. Satte Töne. So richtig zufrieden war das Gewitter nun. Ja es hatte mal wieder getobt sich entspannt und wer wäre da nicht zufrieden. Schon für die alten Germanen mit ihrem Donnergott Thor war Erleuchtung ein Wutanfall. Deswegen sind Kinder alle erleuchtet und Erwachsene schon Idioten. Die Erleuchtung der sogenannten Erwachsenen Vollidioten ist ihr Krieg weil sie ja gebildet sein wollten weil sie ja Benehmen probierten und weil sie die Unwahrheiten repräsentieren. Und da im Begriff Repräsen - tieren der Begriff Tiere enthalten ist so ist ihr Verhalten bloß das der Tiere und nicht das von wahren Menschen. Ansonsten spricht die Lage der Menschheit ihre eigene Sprache. Global. Die Wonnepropenprophezeiung im Johannesevangelium ist wunderbar sichtbar mit dem Symbol der 666 das für Tier steht. Das bedeutet dass das Raubtier Mensch ja solche wunderbaren Autos hat und was für wunderbare faszinierende überschöne Mode und welch eine Kultur so erhaben und so Liiiiiiiiebend so Noooooooobel, ach ja alles so unbeschreiblich Meeeeeeeeenschlich. Bloß in die falsche Richtung. Und alles ist so überunterirdisch demonkratisch und so Quarkhaftig und da ist aber auch nixi mehr an Faschisti vorhanden. Bloß die meisten sind Raubtiere geblieben. Und. Und das Raubmenschsein also das Tier ist der Faschist mit zur Uhrzeit was man als menschlichen Körper bezeichnet. Und was ist ein Raubmensch. Natürlich jemand der raubt. Und was raubt er. Er raubt das Leben der anderen Lebewesen und frisst sie. Deswegen ist er solange an das Tier gebunden bis er aufhört das Leben anderer Tiere zu Morden. Und Heinz Badeschaum war auch noch Leichenfresser Tierfresser. Obwohl es bei ihm Absurd war. Da er ja Badeschaum war. Aber das ist eine lange andere Geschichte die ich ein andermal erzählen werde.

    Das Gewitter war nun in Frieden.
Es hatte genügend gezeigt wer hier der Meisterkrachmacher war. Auch wenn das nur ein seidener Anfang war. So war die mächtige Energie sichtbar die sämtliche atomare Bomben und Raketen nur einen Furz im Sturm sein lassen könnten.

    Später wachte er noch einmal auf.
Als die zarte Morgenröte gegen 5 Uhrzeit erschien und an sein Autofenster hauchte um ihn mit der Musik Gottes die weder Opa Mann Frau oder Kind war aufwecken wollte, da wollte Heinz Badeschaum aber noch nicht auf-stehen. Stattdessen machte er die Fenster etwas auf um die neue frische Luft der Moorlandschaft der Eiderserenadendüfte einzulassen. Dann schlief er nochmal wildträumend 2 Stunden. Genüsslich streckend und reckend wachte er dann auf.

    Der Anfang des neuen frischen Tages für ihn Heinz Badeschaum war einfach prima. Die Wiesendüfte die Eiderserenaden schaukelten ihre Wogen der Freude auf ihre Umgebung. Entspannt machte er das Bett. Rollte das Laaken mit der Decke zusammen. Klappte das Bett zur Sitzbank und früh-stückte im Bus ohne die Vorhänge von den Fenstern zu entfernen.

Draußen gingen einige Leute zum Campingplatz um sich ihre Brötchen zu holen. Keiner wusste das er hier saß und gemütlich aß. Heute würde Heinz Badeschaum eine Pause machen. Angeln. Er wollte sich das Abend-Brot zusammenangeln, Aal oder Zander oder Hecht. So einfach war das in der Vorstellung. Er war noch Raubmensch. Die sind so.

Nach dem Essen fuhr er wieder zurück durchs Dorf Horst. Bog rechts durch den Deich in Richtung Bootssteg vom Fischer von der Heyde, aber dann vor dem Tor dorthin bog er nochmal links ab und fuhr am Deich entlang, vorbei an dem kleinen Pappelwäldchen, das eigentlich mehr eine Wiesensäumung war und kein solides Wäldchen, bis zur Wiese von welcher er nun die Treppe hinunter zum Eiderbadestrand gehen konnte. Selbstverständlich konnte man diese Treppe auch hinunterstürzen oder ganz einfach ganz verträumt denkend ein Füßlein vor die andere Stufe setzen so als würde man auf Samt durch die geheiligte Natur driften.

Dort ließ Heinz Badeschaum den Wagen stehen.
Er nahm dann seine drei Angeln. Zog die Gummistiefel an. Grub sich einige kleine Würmer am Wiesenrand. Kletterte über den Stacheldrahtzaun und schleppte das Angelzeug an der Eiderböschung entlang. Die Rinder hatten die Böschung schon schwer ramponiert. Da der Zaun an vielen Stellen kaputt war. Die Bäume waren angefressen. Der Boden, auch hier der Fußboden, war zertrampelt und mit sehr schönen Kuhfladen bestückt unter denen sich später im abgetrockneten Zustand die Regenwürmer so richtig wohl fühlen würde. So hat jede

Lebensform ihr Wohlgefühlpalast.

Früher wars hier schöner sagte Heinz Badeschaum zu sich. Er fand seinen Platz wieder der nun völlig anders aussah. Dort machte er die Angel zum Stippen fertig.

Köderfische wollte er fangen. Denn nur damit, außer dem zufällig anderen, ließen sich Raubfische fangen. Aber, konnte ein Fisch der von anderen Fischen lebt weil er nicht anders kann als Räuber bezeichnet werden ? Nein. Diese Bezeichnung war eindeutig falsch. Denn nur wenn jemand, ein Lebewesen, die Wahl hat auch anders Leben zu können und sich dann für das Töten entscheidet, dann ist er ein Räuber. Oder wird er ein Räuber! So Heinz Badeschaum hatte die Wahlmöglichkeit. Aber aus Tradition und Unwachheit machte er mit dem Rauben weiter.

Soo, die Raubfische waren keine Raubfische so wie die Raubvögel keine Raubvögel waren oder die Raubtiere keine Raubtiere waren. Nur der Mensch kann Begriffe auf sich anwenden die er für sich erkennt. Rauben ist typisch menschlich. Aber nicht typisch fischlich. Räuber sind bloß Menschen und jene Wesen die eine umfangreichere Wahlmöglichkeit haben ihre Ernährung durch unterschiedliche Produkte zu gestalten. Zum Beispiel Schimpansen. Sogenannte Raubfische können nicht zur Universität gehen und dort erlernen wie man der beste Räuber wird. Das können nur Menschen.

Der Fluss Eider, der früher, als es das große Eiderdammwerk noch nicht gab den Gezeiten unterlag oder Gezeitig war, lag vor ihm im Licht der Morgensonne wie ein großsilbriger Faden der natürlich voller Geheimnisse war. Es war sehr schön dort im Schilf zu sitzen. Fliegen zu beobachten oder Reiher zu sehen die vorbeiflogen.

Die kleine Pose, dünn und an 18ner Sehne, stand vor dem

Schilf und auch schon war die erste Bewegung und dann ein schräges wegziehen der Pose. Kurz darauf schwamm das erste Rotauge im Plastikeimer. Aber während er den Haken mit einem neuen sehr kleinen Wurm bestückte, sprang doch tatsächlich der Fisch wieder aus dem Eimer heraus, landete dicht am Wasser, sprang nochmal hoch und landete wieder in der Eider.
   Schwupp weg war er.
Heinz Badeschaum wusste aufeinmal dass er einen Fehler gemacht hatte. Die Indianer, wenn sie Angeln gehen, das taten manche jedenfalls, setzten den zuerst gefangenen Fisch immer wieder zurück, damit er seine Freunde warnen konnte und es nun Fairer zuging. Und das hatte Heinz Badeschaum glatt vergessen.
   Heinz Badeschaum war aber nicht so bewusst zu erkennen das er Töten würde. Und das Töten von anderen Lebewesen und auch das Essen dieser Lebewesen rein Kausal gesehen bloß Unglück bringen kann. Sowohl für das getötete Wesen und auch für sich selber. Denn Was du nicht willst das man dir antut das tu auch keinem anderen an.
Heinz Badeschaum war noch ein Raubmensch. Er tötete andere Lebewesen wie Fische, und er aß das Fleisch anderer Lebewesen, wie Hühner und Kühe und Schweine. Auch wenn er sie nicht selber getötet hatte, so war er dennoch dafür verantwortlich, da er ja durch das Kaufen des getöteten Tieres den Schlächtern und Bauern und anderen damit verbundenen Kausalbereichen den Auftrag dafür gab, das zu tun.
   Ihm war auch nicht bewusst das er sich dadurch weiterhin energetisch an das Tierreich band. So sind die Kausalgesetze so sind die Zusammenhänge so sind die Ursache Wirkungsabläufe. Damit würde er sich in seiner Evolution weiterhin an das Tierreich binden und mit den damit verbundenen Schwierigkeiten

der tierischen Mentalitäten und deren Emotionen und Gedankenwelten und Vorstellungswelten.

Heinz Badeschaum nahm den Setzkescher aus der Angeltasche. Den würde er über den Eimer legen.

Die Rotaugen und Barsche bissen gut. Obwohl sie ihm etwas zu groß waren machte er zwei Angeln fertig die er mit 40 Gramm Grundblei auf den Flussboden legen würde. An jedem Ende ein Rotauge. Doch das Wasser war nicht sehr tief da draußen. Höchstens 2,5 Meter . Und über die Scharkante kam er hier nicht mit dem Werfen hinaus. Selbstverständlich war ihm völlig unbewusst das er dem Rotauge Schmerzen zufügte. Denn der Haken war unter der Rückenflosse durch das Muskelgewebe des Fisches gestochen worden. An diesem Haken hing nun der Fisch am Flussboden. Natürlich in Schmerz und Agonie. Aber das war alles weit weit weg von Heinz Badeschaum.

Trotzdem saß er da auf dem Baumstumpen, blinzelte in die Sonne und versuchte mit ganz offenen Augen auch in die Sonne zu schauen.

Mit etwas Wille überwand er auch die anfängliche Blendschwelle und somit konnte er den Sonnenball sehen ohne die sonst üblichen blendenden blinzelnden Sonnenstrahlen. So beschaute er die Sonne kreisrund glänzend ohne zu Blenden. Und dieses Blenden war oft mit anderen Lebenssituationen genauso zu entfernen indem man sich die Uhrzeit nahm mit ruhigem Willen sich den Gegenstand betrachtete sei es nun ein anderer Mensch oder diese Sonne hier, um etwas besser zu erkennen. Denn insbesondere der raffinierte in der Fantasie lebende Mensch der sich kultiviert nennt neigt dazu andere zu blenden indem er sich und sie durch äußeren Schein täuscht.

Heinz Badeschaum dachte an die Täuschung der Naturwissenschaftler und die Unwissenheit und Ignoranz der

Naturwissenschaftler zum Beispiel die Astrophysiker die Denken und Glauben das durch die Astrophysik der Mensch sich selbst erkennen kann.

Heinz Badeschaum musste jetzt noch Lachen beim schreiben dieses Buchs, heute in den Computer am 15.3.2004, als er vor einigen Tagen diesen fabelhaften Witz diese Humorstunde im Radio Bayern 2 gehört hatte. Ja Heinz Badeschaum wollte schon anrufen und sich für diese riesige Humorstunde des Astrophysikergastes bedanken. Was war er und die Anrufer doch für Traumtänzer und Simsalabimwirrnisverkäufer der Naturwissenschaft. Denn das ist immer aber auch immer bloß die Oberfläche. Ja, auch die waren Unbewusste Raubmenschen geblieben, weil Fleischfresser !

Aber Menschen haben ja eine sehr starke Neigung sich gerne täuschen zu lassen. Ja es geht sogar so weit das sie das bewusste Täuschenwollen und alles unter der Formel : Wenn andere ihr Kreuz haben so will ich auch meine Täuschung haben ! anstreben. Und da wir ja in der größte aller Freiheiten leben hat auch jeder die Freiheit mitgeboren bekommen sich unfrei zu machen und zu lassen.

Das war genau das Gegenteil was Heinz Badeschaum wollte, was er lebte und was er suchte.

Er, obwohl er Badeschaum hieß, war Heinz, unendlich frei. Er schäumte sich leicht und beweglich, ja sogar traditionslos, und auch nicht im geringsten eifer-süchtig und dennoch liebenswürdig, so träumte er vor sich hin in seinem Badeschaumbewusstsein das ja bekanntlich aus lauter Blasen besteht. Ja, er hatte sich sogar als die Liebe erkannt. Wobei dann aber die glitzernden Bläschen sehr sehr schmunzelten in all den Reflexionen und über und übervollen Täuschungen dieser Spiegelungen in die Heinz Badeschaum geschaut hatte.

Und so ein Badeschaummensch wie Heinz Badeschaum das ist kein Zivilisationskulturmensch, da er ja noch Raubmensch war, und er sich dessen nicht mal bewusst war in Bezug zu den kausalen Zusammenhängen. So war Heinz Badeschaum auch keiner der die Strickfallenleiter der Gesellschaft kletterte oder klettern musste. Er war grenzenlos frei mit sich selber. Natürlich sah er mit anderen die Unfreiheiten die sie ihm vorlebten, was sie dann aber als Freiheit sahen. Denn die meisten wussten garnicht was sie wollten,
was sie taten
und was sie konnten
und was sie mussten.
Diejenigen die von so vielen Wünschen und Vorstellungen getrieben und nicht geführt wurden
die dadurch sich und andere kaputtmachen
was natürlich menschlich ist.

Hier oben, am Schilf, vom Fluss, im Sonnenlicht, auf dem Baumstumpf, hier war davon gar nichts zu sehen, oder zu spüren.

Hier waren keine konstanten dröhnenden Schwingungen wie sie in der Stadt auf ihn einwirkten. Hier war kein Automief, kein Parfümgestank, auch keine ewige scheppernde so blöde stampfende Discomusik mit ihrem immer drögeren stampf mich zu Muuus Rhythmen.

Stampf mir die Eierstöcke platt, stampf mir den Samen wund.
Hier war Entspannung höchstpersönlich.

Und während er dort mal saß, mal lag, und die Entspannung zu ihm kam und bei ihm bleiben wollte, flog die Erde durchs All das Unendliche, und die Sonne stand schon horizontal, so wurde es Uhrzeit etwas zu essen. Denn auf den in der Eider liegenden

Rotaugenköderfisch gab es bisher noch keinen Biss.

So schleppte er das ganze Zeugs wieder zurück zum Bus. Etwas Fluchend, denn die Angelstöcke verzottelten sich manchmal im Geäst oder Disteln.

Manchmal gibt es beim Angeln sehr starke zerstörerische Zeiten, wenn der Haken sich irgendwo verknotet oder die Schnüre sich im Geäst vertüdeln, oder wenn die Angelschnüre tausendfach verknotet sind, das war dann keine Harmonie das war einfach Jungel oder Urwald.

Im Auto aß er, streckte die Beine, nahm den ganzen Plunder wieder in die Hände und ging zur nächsten Stelle auf einen der Bootstege des Fischers.

Heinz Badeschaum wusste, das auch dort das Wasser nicht sehr tief war. Aber auf vier Meter gings dort schon. Doch schon nach kurzer Uhrzeit ungefähr 9 Meter kurz, rollte er die Angelschnüre wieder ein.

Er wollte nun wo anders hin.

Die Bewegung war noch sehr stark in ihm. Ein Zeichen das er noch nicht den passenden Platz gefunden hatte. Nun musste er weiter auf der Wiese, dann über den elektrischen Zaun, denn da lag Vieh auf der Wiese. Bullen waren das nicht. Dazu sahen sie zu modisch weiblich aus. Es konnten aber Stiere sein.

Das Vieh ließ sich nicht stören, sondern war mit dem Widerkauen voll und ganz in Vollbeschäftigungstherapie.

Die andauernde Schlepperei von einer Stelle zur anderen ging Heinz Badeschaum nun auf den Schokoladenkeks. Wann findet er denn nun seinen Angelplatz?

Er ging bis zum Horster Koog, dem Zanderloch, kurz vor dem nun die Menge Boote standen, die zum Eiderdorf gehörten. Über Hundert Boote zählte er dort. Um hier an die Eider zu kommen musste er bückend durch die Rot und Weißdornbüsche gehen. Natürlich blieb er mehrere male mit seinen Angelruten dort hängen, ja er riss sogar manchmal die Äste und Blätter mit Wucht ab.

Endlich war er an einer ziemlich freien Stelle. Dort dachte Heinz Badeschaum erstmal wie schön und einfach doch das Angeln am bayrischen Langbürgner See war. Da gabs Vereinsboote, ja das war prima, und so gab er dem See noch drei extra Pluspunkte.

Als er sich nun umschaute und nach oben blickte, wegen der ungewöhnlichen Töne, saßen doch tatsächlich mehrere wunderschöne Erzlories auf den Erlenästen und zwitscherten vergnügt vor sich hin. Das war süßer Radau.

Sie waren auch nicht daran interessiert wegzufliegen, und somit war trotz Dornengebüsch, elektrischer Zaun, möglicher Bullen, aber auch möglichem Atomkrieg, dieser Platz gleich sympathischer.

Das leuchtende Rot der Erzlories stand im komplementären modisch abgefassten Kontrast zum Blattgrün. Obwohl nicht ganz klar war inwiefern es nun stand, angelehnt, oder schräglagig, oder so, war.

Während also die Erzlories so ihren lieben Rabatz machten, legte Heinz Badeschaum seine beiden Angeln aus. Oder, er warf an Nylonschnüren festgehakte Rotaugen an Haken eingehakt weit in den Fluss Eider hinein. Etwa 20 Meter weiter fingen schon die Bootsstege an. Vor 30 Jahren konnte man hier überall frei hin, da war diese Bucht frei, man konnte gut zum Schöpfwerkgraben gehen, massenweise Köderfische Angeln, und gleich von dort aus auf Aaaaaale oder Zander und Hecht fischen. Von dort war die Bucht 26 Meter tief. Da im Loch hielten sich die dicken Hechte auf große Zander und alle, alle Aaaaaale der Welt schienen dort in dem Loch zu sein. Sogar die Atlantischen Störe kamen damals hier in diese Bucht zum Laichen. Sie sprangen ähnlich wie die Delphinen aus Delphi aus dem Wasser, wedelten mit ihren großen Schwanzflossen, machten ihre Hochzeitstänze.

Und nun?

Und nun war die Freiheit die Massenfreiheit da. Der kapitalistische Gleichschiss und das Sozialistische Massenscheißen.

Obwohl die Angeln 45 Minuten ausgeworfen waren, blinzelte er zu den Bootsstegen hinüber, er wollte wieder an seinem jungen Jahren Angelplatz angeln, auch wenn die Bootsstege mit ihren Privatschildern und Betreten verboten, also Christen, oder Nihimisten, oder alles zusammen, dort waren. Also ging er erstmal ohne Angelzeug hinüber. Trotz Zäune die niedergetrampelt waren trotz Verbotsschilder die krummgebogen waren fand er den dritten Bootsteg als längere Uhrzeit unbenutzt vor. Auch das Boot war mit dickem Staub belegt. Zwei Bootsstege weiter hatte jemand seine Angeln ausgeworfen. Aber Niemand war anwesend.

Also machte er die gleiche Prozedur nochmal. Zuvor sagte er aber noch Adieu zu den Erzlories und ging dann zum verstaubten Bootssteg nur um wieder alle Angeln auszuwerfen. Nun war er sichtlich zufrieden. Denn endlich traf er ins Tiefe der Eider und auch die Bewegungsfreiheit auf dem Steg gefiel ihm sehr. So stand Heinz Badeschaum dort auf dem Holzsteg fünf Meter in die Eider hinein sich die Wolken anschauend. Tiefblau gegen Hellweiß sachte dahingleitende Wolken sah er nun. Das ist Glück solch einen Himmel zu sehen. Das ist wunderbares Glück.

Diese Szene dieses angebliche Bühnenstück von der Welt geschrieben war einmalig schön. Er stand da mitten im Himmelblauen Glück, Schilfumgeben, voller Bootsstege voller Erlen mit rasselnden Blättern die auf der Uferböschung wuchsen und auf der anderen Seite des Flusses röchelten die Bullen ganz heiser.

Dann kam der andere Angler.

Da Heinz Badeschaum nun glücklich war ging er zu dem Angler hin. Das aber sah der andere Angler. Und da menschliches Verhalten Ichbezogen ist, nahm er eine ablehnende Haltung gegenüber Heinz Badeschaum an. Menschen sind nunmal so, selbst jene die freundlich erscheinen, da sie ja noch Raubsäugetiere geblieben sind und vom Töten leben obwohl sie es garnicht brauchen. Da konnte noch kein echtes Menschsein erwartet werden. Bloß der Versuch der Wunsch die Hoffnung.

Falls Vögel jemals Lesen können soll dies jetzt für Vögel sein. Menschen sind nunmal Ichbezogen also Leichenbezogen auf ihre zukünftige Leiche bezogen, mehr ist da noch nicht. Eng.

Sie wollen sich stark machen machten sich aber schwach. Alles was der andere dann ist, ist man selber nicht, das ist in dem Moment dann eben unüberwindbar gegeneinander.

Heinz Badeschaum kannte die Menschen. Er war ja schließlich selber auch einer. Auch wenn er aus Badeschaum war! Aber das ist egal ob er einer aus Fleisch und Leben ist oder aus gedichteten Badeschaum. Mensch bleibt Mensch.

Der andere Angler jammerte sehr viel. Es gab kaum ja keine Köderfische mehr. Auch keine Aale keine Zander.

Heinz Badeschaum dachte noch während der andere jammerte, das man annehmen kann ein wacher Mensch, der einen glücklichen Menschen vor sich sieht, geht auf die Glücklichkeit ein, nimmt Teil daran, so bekommen beide was davon. Aber dieser hier war schon Blind.

Als der andere Angler zuende geredet hatte war Heinz Badeschaum klar, das er sich einfach so mit einer Gruppe als Anglerbuddies, nicht identifizieren konnte. Das war nicht sein Metier. Das sah er ja nun wieder wie zersetzend das Gerede des Anglers war. Der merkte das auch garnicht mehr. Der war auch

Taub.

Trotzdem stand Heinz Badeschaum weiterhin dort in seiner Glücklichkeit gehüllt und hörte sich das Unglücklichsein des anderen Anglers an.

Der andere Angler schien garnicht aufzupassen ob Heinz Badeschaum nun zuhörte und wieder gingen dann die inneren Vorgänge in Heinz Badeschaum weiter. Er sagte zu sich selber das die Suche zur Badewanne durch die Entspannung der Moorlandschaft zum Glück führt und das er sein Ziel erreichen wird. Aber der andere Angler beklagte sich nun schon zum dritten mal dass es keine Köderfische mehr in der Bucht gibt. Auch die großen Barsche waren weg. Auch hatte er in diesem Jahr noch keinen Zander gefangen. Er überlegte sich ob er im kommenden Jahr überhaupt noch einmal einen Jahresschein kaufen wird. 75 Mark kostet der schließlich jammerte er. Der Fischer von der Heyde wird nur reich an uns Angler erwähnte er auch noch. Außerdem hatte Willy von der Heyde gestern , in dem Flussteil, indem er keine Scheine ausgibt, einen Aal von 7 Pfund mit der Handangel gefangen, sagte der Angler neidisch betrübt.

Heinz Badeschaum staunte. 7 Pfund.
Und so erfuhr Heinz Badeschaum dass der Flussteil des Fischers oder der Fischer keine Schonzeiten und Schonmaße haben würde, laut Aussage des trüben Anglers.

Heinz Badeschaum staunte noch weiter.
Was er da alles so zu hören bekommt, Unzufriedenheiten, und viel mehr. Wenn das wirklich der Fall war, dann war das sehr blöde dumm und auch kaputtmachend, was beides ja als Resultat haben würde.

Und das im heutigen Zeitalter erwiderte Heinz Badeschaum dem anderen Angler. Und unterstützt durch Badeschaums Bemerkung wetterte der Angler noch mehr.

Ja, meinte der Angler der blinde, aber der Angelverein Hennstedt der einen Teil der Eider gepachtet hat, bei dem gibt es Schonzeiten und Schonmaße. Das war Vernunft.

Heinz Badeschaum nickte ihm zu. Erwiderte dann : Vor sagen wir 25 Jahren ging mein Vater mit Willy von der Heyde hier in diese Zanderbucht, um mit Bestimmtheit zu sagen, heute fange ich meine 25-30 Pfund Aale, meine 2-3 Zander . Damals waren auch nur die zwei Boote vom Fischer hier und das Wasser war nicht durch Motorboote verknattert. So wie in Kanada Nordontario oder Britisch Columbia, da bist du noch in der Fanggarantie.

Der andere Angler schaute wie Heinz Badeschaum redete. Hörte aber etwas mehr zu. Aber schon so als ob er auf Gegensätze lauerte. Badeschaum redete weiter.

Klar , hundert Motorboote hier in dieser Bucht. Die Fische sind weggeangelt, verscheucht, Das Wasser ist verängstigt schizophren, das ist zu viele nervöse Aktion hier.

Während des Redens wurde Heinz Badeschaum ganz kristallwasserklar das er hier in dieser Bucht auf den ganz ganz seltenen Fisch warten würde, und er bekam wieder Hunger.

Auch der andere Angler erwähnte etwas von wieder zurück in seinen Wohnwagen gehen um Kaffee zu trinken und so watschelte Heinz Badeschaum mit schwarzen Gummistiefeln über der Bundeswehrhose für 15 Mark gekauft dem Kanadastepphemd und der alten hellen Flohmarktjacke gegen Wind, zurück über die Zäune , vorbei an den wiederkauenden Kühen zum VW-Bus um dort etwas zu essen.

Obwohl Heinz Badeschaum das feinste Kochgeschirr dabei hatte, so hatte er doch während der Fahrt entschieden nichts außer einem Zander, selbstgefangenen, wird er hier selbst kochen. Auch kein Tee morgens. Er würde einfacher Leben. Den ganzen Tag kohlensäureloses Wasser trinken und nur Schnitten, Stullen, Kniften , belegte Brote, Sandwiches, essen. Das tat er dann auch.

Während des Essens kam die Grölkolonne vorbei. Sie bauten ihre Zelte auf der Nebenwiese auf. 12 junge halbwüchsige mit viel alkoholischen Getränken und viel Cola.

Nach dem Essen ging Badeschaum wieder zurück Richtung Bucht. Schon von weitem sah er das Willy von der Heyde an seinem Bootsteg war. Bei ihm war auch ein junger Mann den Heinz Badeschaum noch nie zuvor gesehen hatte.

Als Heinz Badeschaum näher kam, wurde er von dem unbekannten misstrauisch beäugelt.

Die beiden am Bootsteg waren gerade dabei einen Eimer voller Aale in ein Handnetz zu schütten. Dann wurde das Handnetz am Bootsrand fest gemacht und in die Eider gelegt.

Willy von der Heyde meinte die Aale sollen sich wieder erholen da sie an der Ampel in Nordfeld so lange warten mussten.

Heinz Badeschaum fragte ob es geräucherte Aale gibt.
Ein Hauch von blitzendem Lächeln überflog Willys Gesicht. Ja, er habe gestern frisch geräuchert antwortete er in Plattdütsch.

Dann bückte sich der Fischermeister, nahm einen großen Plastikschöpflöffel um das Boot vom gestrigen Gewitterregen zu leeren.

Der andere junge Mann schaute Heinz Badeschaum während der ganzen Anwesenheit nicht an, und wenn es so aussah dann nur sehr muffelig abweisend.

Stimmt es das sie gestern einen Aal von 7 Pfund gefangen haben fragte Heinz Badeschaum den Fischermeister von der Heyde.

Willy schaute auf, schaute den anderen Mann an, fragte dann : Wie kommst du denn da rauf ?

Badeschaum erzählte was er von wem gehört hatte.
Tja so schlimm ist das jetzt hier geworden antwortete Willy Von der Heyde. Seit die Leute reich geworden sind haben sie Ferienhäuser an der Eider. Motorboote kommen aus Hamburg und von dort kommen fast ausnahmslos Spinner. Große Spinner. Der Neid quellt ihnen die falschen Eindrücke in den Kopf.
Von der Heyde legte den Schöpflöffel aus der Hand, redete aber weiter.
Nun haben sie hier die Bucht ausgefischt und beschnüffeln alles und jeden. Und da ich ja meine Reusen im anderen Flussteil aufstelle gehen bei denen die wildesten Spinnereien los. Die wissen garnicht mehr wenn sie mit einem Reden, was Lüge und was Wahrheit ist.
Willy zeigte auf das Wasser. Meine Aalkästen kann ich auch nicht mehr dort in der Eider lassen wie früher. 40 Jahre hatte niemand bei mir am Gerät jemals etwas verändert. Jetzt wird alles geklaut.
Willy Von der Heyde sah etwas wütender aus.
Diese Großstadtmenschen sind eine Bande kaputter Ganoven mit ihrem andauernden Lächeln. 36 Netzstangen haben sie mir schon in diesem Jahr geklaut.
Heinz Badeschaum sah nun wieder diesen Angler vor sich der ihm allen ernstes diese Lügen erzählt hatte. Badeschaum hatte sich auch schon gewundert. Da kommen die Menschen aus der Quetschkomode genannt Stadt und bauen sich mitten im schönen Marschland wieder eine Quetschkomode wo sich jeder dumm angafft und der Nachbar so nahe ist das jeder Furz gehört werden kann.
Aber diesen Halbaffen wird ja immer eingeredet das sie Sozialwesen wären und das sie so und so zu sein haben, nämlich so wie es andere gerne sehen für deren besseren Überblick zum

Einblick für den Gesamtblick der Zuchtrassen.

Dann kam jemand aus der Bucht mit rasendem Boot auf den Steg zugefahren. Und sofort ließ Willy von der Heyde wissen das nun der Mohammed Ali der größte aller Spinner kommt , der hört schon alles im Voraus sieht alles im Voraus und weiß alles im Voraus.

Und so hatte das Thema Mensch mit all seinen bunten Facetten also wieder seinen Weg genommen.

Heinz Badeschaum ging dann. Aber nicht ohne den muffigen Mann noch zu fragen : Wer sind sie eigentlich.

Der Mann schaute dann widerwillig mufflig zur Seite von Badeschaum weg, als er antwortete : Der Schwiegersohn.

Als Heinz Badeschaum dann wieder über die Wiesen ging war ihm klar dass es einen Menschen noch nicht gibt. Menschen die kommen erst noch. Das was sich jetzt als Mensch selbst deklariert hatte auf der Erde und hier, das war noch Tier das war noch Raubtier.

Wieder am Angelsteg angekommen, in der Bucht, war die Pose des 7 Pfund Spinners abgetaucht. Aber Heinz Badeschaum würde nicht mehr zu ihm gehen.

Dann kam die wunderschöne Abendstimmung.
Große Schwärme Möwen flogen Seewärts. Einige Austernfischer flogen laut kreischend umher. Die Farben wurden ganz mild und er sah wie im Nachlicht der untergegangenen Sonne die große Schönheit der Abendstimmung alles in Friedlichkeit hüllte.

Heinz Badeschaum liebte diese Stimmungsschönheit. Das konnte in der Stadt wo Haus an Haus stand nicht auf ihn wirken. In Parks ja, wie dem Nymphenburger Park, hier aber wurde er friedlich davon berührt.

Das sammelte sich dann in ihm an. Denn Heinz Badeschaum brauchte diese Schönheit. Der Arztschock den Königen der

Unwissenheit und Täuschungen oder den Geldgeiern der Menschheit, der stand noch in ihm. Denn als er vor einigen Wochen wegen der Darmblutungen beim Chirurgen Hart in München war, und dieser Spezialist im Wolkenkuckucksheim der Wirrnisse aber zielvollen Vermarktung von Chemiegiften, sagte ihm dann das sei eine Schleimhautentzündung die Langzeitbehandlung brauchte. Aber Heinz Badeschaum dann die Medikamente sah, die aber für eine Darmkolitisbehandlung waren und sogar Kortison waren in flüssiger und Tablettenform und eine Langstreckenliste von Nebenwirkungen hatte, die in Wahrheit nämlich die Wirkungen sind, das ist ganz raffiniert von der Pharmamafia so aufgebaut, denn die gehört ja zur Negativen Energie, die Nebenwirkungen sind die Wirkungen, das ging sogar bis zur Fruchtlosigkeit des Samens, da kam ihm der Gedanke hoch, das der Arzt der ja auch bloß Raubsäugetier geblieben ist und keine weitere Noblere Entwicklung gemacht hat, das dieser Raubsäugetierarzt ihm nicht die Wahrheit sagte, welche aber Ärzte ja bekanntlich äußerst selten kennen, außer der Diagnose des Todes. Und selbst das ist Unwahrheit und Illusion.

 Und so ging er damals zum Heilpraktiker Rest in Bad Tölz. Der machte eine Irisdiagnose. Fragte dann ob Heinz Badeschaum in der letzten Uhrzeit viele säurehaltige Nahrung gegessen habe viele Zitrusfrüchte . Und in dem Moment war Badeschaum klar, ja, er machte die Professor Linus Paulin Vitamin C Anbeterei, mehrere Gramm am Tag, und viele Orangen und Zitronen auch im Tee und Salat. Und in dem Moment war Heinz Badeschaum auch klar was das bedeutet, Ascorbin - Säure, das war reine Säure, und dann auch noch synthetisch.

 Ja, sagte der Heilpraktiker Rest, das hat ihren Darm zersetzt und deswegen blutet er.

 Und ohne wie der Chirurg, eine Darmspiegelung zu machen,

denn diese Typen schauen gerne in Ärsche, das ist deren Vorliebe, sie gehören zu den Analcharaktern, wo der Arzt dann mit einem Nirostarohr im Dickdarm rumfummelt, konnte dieser Mensch, Rest, in Bad Tölz durch die Irisdiagnose feststellen das zu viel Säure im Darm war der diesen zerstörte, zu viel Ascorbin-Säure.

Und das Pharmamafiakartell weltweit, diese Rockefellermafia und deren Synthetikziele also Ziele der Falschheit des Betrugs und der Unwahrheiten die nie nie nie Heilen können da sie ja auf der negativen Macht aufgebaut sind, die sind ja fleißig dabei sämtliche Heilmethoden per Gesetz weil der Gesetzgeber auch blöde ist er ist ja auch bloß Raubsäugetier geblieben, zu entfernen, mit großen Erfolgen.

Und keiner wehrt sich dagegen, weil ja keine Lobby für die Unwissenden da ist. Und Raubsäugetier Politik weltweit bloß durch die Pferdeflüsterer der Politik gemacht werden, den Geldkartellen der Industrien. Das ist das Leiden das die aufbauen für die zukünftigen Generationen.

Und das alles kostete bei dem Heilpraktiker nur 40 Mark und 50 Mark Medikamente. Wogegen der Chirurg sage und schreibe 250 Mark Medikamente und 156 Mark Honorar plus 90 Mark Laborkosten verlangte. Also mehr als 5 mal so viel. Aber, auch unsagbar giftiger und zerstörerischer. So wer heute noch zu einem Arzt geht der ist Blöde Ignorant und Raubsäugetiersenil und Dumm.

Ja bei diesem Arzt wäre Heinz Badeschaum kaputter gemacht worden, denn das können die das ist deren Ziel. Weil sie ja Vertreter der Negativen Kräfte sind.

Die Irismethode ist eine Tibetanische Östliche Methode die aus der Meditationskraft des Yoga und dergleichen Mentalität entstanden ist.

Als er dann dem Chirurgen Hart den nächsten Termin absagte und zur gleichen Uhrzeit auch erwähnte das er die Heilpraktikerdiagnose vorzog, da fing der Chirurg zu reden als, als ob sein Leben daran hinge. Er redete so schnell so viel und wurde so chaotisch so aggressiv und unhöflich und giftig das er sich sogar für einen Mediziner hielt obwohl er als Chirurglehrling ausgebildet war. Er musste dann gleich auf die „ Medizin „ und die „Mediziner „ und auf die ganze Welt seiner Kollegen und deren Weltwissen zurückkommen. Er versuchte also mit der einfachen Mengenlehre das zu verdecken was er nicht wusste nach dem Motto, mehr, am meisten, die ganze Welt, und nur das kann richtig sein. Ich Laber den sozusagen Tod, das war seine Aussage. Das war genau wie die Nazizeit wo auch die Mehrheit von sich als Mehrheit überzeugt war das sie wirklich das Beste können ohne Fehler und dergleichen.

Und Heilpraktiker sind sowieso alle bloß Pfuscher schrie er dann noch durch die Leitung. Ja sie sind sogar gefährlich für die Menschheit schrie er dann durchs Telefon. Er erwähnte tatsächlich für die Menschheit. Ganz klar der hatte ein sehr fettes schlechtes Gewissen. Weil die Geldgeilbranche ja unbeschreibliches Leid unter die Menschen bringt mit ihren Giften der Pharmakartelle und der Massenverblödung, Global.

Als Heinz Badeschaum diesen Chirurg in seiner Praxis sah, wie mickrig der aussah und mit welcher Ungesundheit er seine Fischflossenhände Heinz Badeschaum reichte, da spürte er das der Chirurg krank war. Intuitiv war Heinz Badeschaum klar das der Chirurg also das Raubsäugetier unter der Illusion litt das Körper und Geist getrennt wären, so wie der einem die Hand gab, schlapp, schlaff am schlaffsten. Nur das Gehirn funktionierte, aber dafür reichlich disharmonisch. Als ob das Denken das Gehirn separat vom menschlichen restlichen wäre.

Jemand der den Beruf Chirurg hat muss wenigstens als Vorbild gesund sein. Er darf nicht aus der kaputten Pflicht, oder dem Vorwand, der Menschheit zu dienen, Chirurg werden. Aber die meisten sind ja sowieso wegen des Geldes, des Ansehens das ihnen blöde geben, der Macht, der Position, in dieser Branche der Quacksalbereien.

Und jetzt dieser schöne Abend.

Über 15 Angelboote waren ausgefahren. Und als es nun 23 Uhrzeit war, da leuchtete hier ganz im Gegensatz zu München, das Nordlicht durch. Nur noch 1000 km weiter und Heinz Badeschaum hätte 24 Stunden Licht zum erleben. Badeschaum ging sehr tief in diese Vorstellung hinein. Im Halbdunkeln ging er dann wieder über die Stacheldrahtzäune kletternd und auf Gras gehend zurück zum Auto.

Die Gröhler waren in vollem Schwung.

Heinz Badeschaum gefiel dieses Grölen jetzt noch, obwohl er aber ansonsten nicht sehr viel gefallen daran fand. Denn durch den Psychoschock der Arztdiagnose war sein Wackelego sogar bereit, mal wieder mit einem Freund zu Reisen, mit jemandem anders als immer nur mit sich selber. Das würde sich aber nachher ändern wenn der Schock vorbei ist.

Nun kochten die angesoffenen Jugendlichen ihre Suppen. Heinz Badeschaum machte sein Autobett so, das er eine schöne Sicht auf die Eider hatte, auf den Sonnenaufgang, und schrieb dann an diesem Büchlein, noch mit der Schiebetür des VW-Busses offen.

Später kamen einige Jugendliche mit ihren Pötten zur Eider - Badestelle um ihren Abwasch zu machen, und Heinz Badeschaum konnte hören als er sich schon zum Schlafen hingelegt hatte, wie einer von ihnen sagte : Die deutschen Panzer rollen wieder.

Zu schade für diese Gröhler, dachte Heinz Badeschaum.

Nachts träumte Heinz Badeschaum dann von Linus Paulin dem hochdosierten Vitamin C Apostel. Das er, Badeschaum, nun endlich die Finger von diesen Verallgemeinerungspredigern lassen würde. Der Heilpraktiker Rest sprach nochmal in diesem Traum zu ihm. Er sagte : Paulin hat einen trockenen Darm und die Säure kann dort nicht viel Schaden machen.

Dann wachte Heinz Badeschaum mit der wunderschönen Morgenröte auf. Frühstückte, wusch sich in der Eider, und fuhr an den noch schlafenden Zeltlern vorbei. Vorbei am Eiderdorf nur um dann vor einem Koppelzaun zu Parken, die Wathose anzuziehen, mehrere Blinker mitzunehmen und bis zum Bauch im Eiderwasser zu stehen um auf sogenannte Raubfische zu Blinkern. Und was war dann das Blinkern. Ach ja eine Wohltätigkeitsveranstaltung.

Aber Wurf nach Wurf blieb Bisslos und 5 Stunden später als es anfing zu Regnen fuhr er wieder an der Eider entlang Richtung Schöpfwerk zur Flussstrecke die der Hennstedter Angelverein gepachtet hatte.

Während er dann mitten auf dem Deich der höchsten Stelle in der Umgebung fuhr, krachte wieder ein mächtiger trockener Donner mit riesen Blitz in unmittelbarer Nähe. Und obwohl das Auto durch die Gummircifen nicht geerdet sein soll fuhr er sofort vom Deich runter, bog am Eiderhof links ein auf den Parkplatz und wartete den Sturm ab, der auch schnell abflaute.

Schon vorher hatte Heinz Badeschaum ein Fahrrad mit Anhänger gesehen das am Eiderkoppelzaun angelehnt war. Deswegen wollte er nun mal schauen was dieser Angler so an diesem gepachteten Flussstück tue. Der Anhänger des Fahrrads war mit Angelaufklebern bunt beklebt.

Nach einigem Suchen fand er einen etwa 12 jährigen Jungen, blond, der unter einer Erle saß und sehr verträumt an einem

Stückchen Ast schnitzte.

Der Junge schaute kurz hoch, schnitzte aber dann weiter. Ganz langsam schnitzte er.

Wie ist das Angeln hier fragte Heinz Badeschaum.

Nichts gebissen meinte der Junge kurz und trocken.

Und worauf Angelst du fragte Heinz wieder.

Auf Zander war nun die weichere Stimme des Jungen zu hören.

Hast du in der letzten Uhrzeit was gefangen fragte Heinz weiter.

Nein, antwortete der Junge.

Der kleine hatte 5 Angeln ausgelegt. Ein Angelwunder für bayrische Vereinsmitglieder. Denn dort sind meistens 2 oder nur eine Angel erlaubt. Aber hier durfte man mit 5 Stöcken aus bestem Angelmaterialien Angeln.

Heinz Badeschaum fragte dann noch wo er für diese Strecke einen Schein bekommen könnte. Und dann erfuhr er dass so und so schon über 20 Zander dort aus der Stelle im Schilf gefangen hatte. Aber für ihn, den Jungen, meinte er, muss man dort zu weit rauswerfen, und das schafft er nicht.

Noch nicht, gab Heinz Badeschaum als Antwort zurück.

Dann ging er zurück zum Auto und fuhr ins Dorf Hennstedt, holte sich den Schein zum gleichen Preis wie beim Fischermeister Heyden, fuhr zurück an die Stelle wo der Junge war und stellte sich selbst dorthin, denn der Junge war inzwischen woanders, da das Fahrrad weg war.

Obwohl dieser Platz sehr schön aussah, mit vereinzelten gelben Seerosenstellen, und sehr viel Oberflächenaktivitäten, im Gegensatz zum Horster-Koog, also mit vielen Jungfischen, und sogar kleinen Kiesbänken, die das saubere Wasser der Eider mehr zur Geltung brachten , und obwohl links und rechts von ihm dichter Schilfbestand war und unter den Pappeln, da sie höher standen genügend Freiraum zum Angelauswerfen war, stellte sich die Stelle oder der Angler, doch als blöde dar.

Denn die Scharkante die weit draußen war, war irgendwie Messerscharf, das er sich so viele Grundbleie abriss und damit auch sein Angelinteresse an diesem Platz abriss. Natürlich kam ein Genie wie Heinz Badeschaum nicht darauf von Grundfischen auf Laufposen zu wechseln damit die Scharkante Überschwommen werden kann. Die Gewohnheit war einfach zu stark in ihm.

Aber Mittlerweilen hatte es mal wieder richtig kräftig zu gießen angefangen. So stand er da im grünen Regenmantel unter der Erle und schaute dem Regen zu wie er auf den Fluss tropfte. Während des Regens sprangen die großen Brassen vergnügt an der Wasseroberfläche.

Regen macht ja feucht. Regen macht ja schwül. Regen macht auch sauber. Regen macht die Sahara zum Jungel. Regen macht schön. Regen macht also das Glück in dem er nun verregnet stand. Und so war Heinz Badeschaum mal wieder hier, auf der Suche zur Badewanne in einer glücklichen verregneten Situation, während einer kleinen Angelerholung. Denn die Suche zur Badewanne war ja noch an.

Trotzdem, trotz dem Glück, reichte ihm nun dieses Angelgefummel, wo fast jedes mal der Haken oder das Grundblei abriss. Später erfuhr er das in diese Bucht nach dem Krieg für die Uferbefestigung hier Lastkähne mit Steinen und Schrott ausgeladen wurden welche die Scharkante so scharf machten, aber vor der auch in den Löchern viele Fische gerne waren. Also mit dem Nichtwissen wollte er jetzt endlich weg von hier.

Und weg von hier, das war eben Glück.
Mit dem Glück im Auto fuhr er dann zurück nach Horst. Aß einige Schnitzel mit frischen Bratkartoffeln, sogar draußen,

denn nun war wieder strahlender Sonnenschein. Der Regen, der Glückliche, hatte aufgehört zu fallen. Er stieg wohl nun nach oben. Heinz Badeschaum saß und aß im Eiderdorf Kaffee.

Während des Essens grölte ein besoffener Opa unverständlich.

Am folgenden Morgen war Heinz Badeschaum wieder vor Sonnenaufgang wach. Schlief aber weiter bis 7 Uhrzeit. Das war Glück. Glück in der Weisheit eines lächelnden Lebens.

Gut gestärkt mit einem weltklasse Müsli und Wasser aus der Glasflasche fuhr er dann weiter auf der Suche zur Badewanne.

Von dem Dorf Horst gings dann immer am Deich entlang in Richtung Bergewöhrden. Flachlandschaft voller Kiebitze die er liebte, Schnepfen die er bestaunte, sogar Austernfischer die er belächelte. Sogar einige Fischreiher beobachtete er aus dem Auto heraus vor welchem die Vögel keine Scheu hatten.

Hier im Moor mal dort durch Wiesen auch noch an Maisfeldern vorbei zuckelte er gemütlich frische Badewannen suchend. Er fuhr dann auch auf Plattenwegen. Diese Wege hatten jeweils für die Reifenspur eine Reihe Steinplatten gelegt bekommen. Zwischen den Platten wuchs das Gras. Die Wege waren auf keiner seiner Karten eingezeichnet. Es regnete wieder heftig drauf los.

Erst bin ich hier im Badewannencountry, dachte er sich. Dann der viele Regen, dachte er sich dazu. Das sind mystische Zusammenhänge wusste er auf einmal. Mystisch im Sinne von Unklarheit oder Nichtwissen, denn mehr ist die Mystik ja nicht. Als Ob Gott mystisch wäre oder als ob das was ist, Mystisch wäre, das ist platter Bullenschiss, mehr nicht. Aber keine saubere reine leuchtende Logik und Überlogik und Supralogik.

Offensichtlich, mystisch, murmelte Heinz Badeschaum vor sich her. Zumal Badewannen die Behälter für Wasser sind, das ja heilende säubernde Feuchtigkeit bedeutet.

Ab und an stand eine schmutzige Badewanne im Modder, der von den Bullen zusammengetreten war. Und diese Bullen waren ja die Kottletts der Nation. Auch die Lederjacken und Gürtel der Nation. Sowohl die Schläger als auch die Rammler der Nation. Bullen sind nunmal so. Mit dem Ring durch die Nasenlöcher lassen sie sich schön führen.

Heinz Badeschaum fuhr dann durch Delve nach Schwienshusen, von dort telefonierte er nach München mit der geliebten. Zuvor hatte ihm eine Oma 10 Mark in Markstücke gewechselt.

Sowas passierte also in Schwienshusen an diesem Vormittag. Das war Geschichte wie sie in keinem Geschichtsbuch steht. Dann fuhr Heinz Badeschaum weiter nach Pahlen. Auf der Strecke brauchte er die Badewanne auch nicht. Das war nicht das was er suchte. Dann gings über die Eiderbrücke nach Erfde. Erfde, was für ein Name. Erfde, was für ein Städtchen. Erfde . Die Weltstadt, wat denn sonst !

Und kaum aus Erfde heraus fängst wieder fantastisch zu gießen an . Da war nun Wasser von oben und auch Wasser von der rechten Seite. Denn er fuhr nun an dem Flüsschen Neue Sorge entlang und schwupp hörte der Regen auch schon auf. Zack - hier war Ende - die Straße war trocken. Ganz trocken. Und die Sonne und der blaue Himmel, beides war auch trocken. Das Leben ist so drastisch in Einzelteilen gelebt das Heinz Badeschaum ganz schaumig vorm Mund wurde. Und der kleine Fluss Neue Sorge strahlte im Licht des Daseins ganz ohne Bohnerwachs ganz ohne Klarlack ganz ohne Brillianten und auch ohne Abitur oder Facharbeiterbrief und Heinz Badeschaum dachte mal wieder : Mensch Fluss, du hast es gut, du bist ungebildet und frei doch deine Freiheit wird durch unfreie Büroidiotenmentalitäten die fest daran glauben dass das Wetter und Leben im Büro passiert, kaputtgemacht. Weil Büroleben grundsätzlich rechteckig grundsätzlich Linear grundsätzlich Antiverständnis für das echte freie hat. Büromentalitäten wollen alles begradigen, zementieren, so hinmurksen, als ob es ein Büro werden sollte.

Und dann stand dort der Angler in all dieser natürlichen Brillianz.

Dieser glänzenden Schönheit die gesund macht.

Heinz Badeschaum parkte seinen Wagen hinter dem Angler aus Düsseldorf. Der Angler stand am Schilf, und so weiter auf der Leiter. Nach halbstündigem Gespräch fand Heinz Badeschaum heraus, das es diesem Angler egal war, das Gerede mit verseuchten Flüssen, mit kaputten Fischen. Er isst die Fische trotzdem. Angewidert ging Heinz Badeschaum zurück zum Auto.

Am Auto angekommen stand dort ein Polizist und gab Heinz Badeschaum dann diese Immense Wahrheit und Weisheit mit so viel Pathos und Gewicht das Heinz Badeschaum auch hier übel wurde und er sich vor den Bullen erbrach.

Danach lächelte Badeschaum wieder. Der Polizist war sichtlich erfreut wieder jemandem geholfen zu haben. Denn, das Auto stand doch tatsächlich auf einer weißen Linie mit einem Reifen, und das darf man nicht länger als drei Minuten tun.

Hier stand nun wieder der Büro- Krater oder das Zentrum der Massenverblödung, der Natur gegenüber. Aus dieser Situation konnte für Heinz Badeschaum gesehen werden weit in die Zukunft projiziert, dass das mit der Evolution erstmal eine Blödolution ist, und das die Beamten nur noch das Steinzeitleben in den Büros als Natur erkennen können. Die wahre Natur ist für sie ein Büro geworden. Das kann auf Dauer nie nie nie Gut gehen. Und Heinz Badeschaum war die Natur.

Als Heinz Badeschaum sich dann vom Erbrechen noch mehr

erholt hatte, erzählte er dem Polizisten eine Geschichte. Polizist ist ja bloß ein Etikett ist eine Werbeplakette, denn hinter dem Werbeplakat Polizist, da steht das Raubsäugetier das von sich behauptet schon Mensch zu sein. Und das ist dann echt was zum Lachen. Dann geht sozusagen echt die Wahnsinns Murkserei Post ab. Also nun die Geschichte die Heinz Badeschaum dem Bürozisten erzählte.

Es war die Geschichte von den Kudus in Transvaal - Afrika. Diese Kudus leben wie die Zivilisationsmenschen in Freiheit die aber ab und eingezäunt ist. Diese Kudus überspringen sämtliche Zäune der Zivilisation, die es nicht gibt sondern die ersponnen sind. In den Zivilisationsgärten der Farmer frisst der Kudu nun die Blätter der Akazien und zwar so dass kein Blatt mehr übrig bleibt in Fresshöhe. Trotz reichlicher Nahrung magerten die Kudus aber ab. Genau wie die Zivilisationsmenschen von Seuchen Alkohol Nikotin Drogen Luftverpestung und ihren blöden Gedanken und Fantasien ihren Geizen und Gieren im Laufe der Uhrzeit abgemagert werden. Obwohl man nun herausfand das Akazienblätter 18% Eiweiß haben rätselten die Blattuntersucher warum das passierte.

Dann fanden sie den Clou.
Wenn Kudus Blätter abreißen macht der Akazienbaum in Minutenschnelle mobil und schickt chemische Geheimwaffen. Chemisch ist ja bloß ein Begriff von blöden der leblos und unbeseelt sein soll. So wie sie selber. Aber diese Botenstoffe sind Lebewesen. Denn es gibt nichts anderes als Leben im Ewigen Leben. Aber innerhalb von Minuten ist diese Rüstungsindustrie des Baumes auf Angriff gestellt. Na, wenn das kein Lebewesen ist. Die sogenannte chemische Kriegsführung des Baumes wirkt in den Blättern doppelt. Die Blätter schmecken nicht mehr so gut. Sie sind Bitter geworden. Werden sie aber trotzdem gegessen

fangen sie ihren Kleinkrieg im Magen und im Darm an. Sie verbinden sich mit den Verdauungssäften des Kudus dieser Antilope, und und machen sie unwirksam. Da die Blätter aber sowieso nicht mehr schmecken geht der große Kudu also zum nächsten Baum zur nächsten Weide. Aber auch dort sind Akazien häufig schon verletzt worden. So wie Heinz Badeschaum der ja selbst die Natur ist. Aber was ist wohl die Natur? Also die Akazie setzt Gerbstoffe, Tannine ein. Und so schlug der Forscher Van Hofen mit Stöcken auf die Akazien ein, und tatsächlich erhöhte sich der Tanningehalt innerhalb 15 Uhrminuten um erstaunliche 94 %. Nach einer Stunde sogar um das dreifache. Erst nach Tagen verschwindet das Tanninen wieder. Wo also der Äsungsdruck zu groß wird, wo der Zivilisationsdruck der Büroaffen zu groß wird müsste es letztendlich zu einer Katastrophe kommen. Den Akazien den Menschen bleibt nach den einzelnen Anforderungen des Bürokratischen Drucks keine Zeit Uhrzeit ihren Giftgehalt zu senken und so müssen sie die schlecht schmeckenden Blätter essen, die schlechte Umgebung der Zivilisation leben, und der Satanskreis ist da.

Ein weißbetünchter Strich neben der großen Wiese.
Mensch Bulle da sind ja Bullen gescheiter hier draußen auf den Feldern.

Der blonde Polizist hatte aber den Sinn der Erzählung nicht erfasst. Vielleicht waren seine Hände zu klein. Oder er war wohl Backwahn Oshofan, der ja meint dass es keinen Sinn gibt. Und so aaaaalte sich der Polizist nochmal darin, indem er Heinz Badeschaum belehrend nochmal sagte : Sehen sie, da habe ich ihnen etwas neues gelehrt. Denn sie wussten ja nicht dass die durchgehende Linie nur drei Minuten befahren werden darf.

Sooooo ein idiotischer Schwachsinn dachte sich Heinz Badeschaum . Drei Minuten auf der weißen Linie, ja das war

57

von Büroidioten für Büroidioten.
Dann fuhr Heinz Badeschaum weiter.
Bei Meggerdorf fuhr er wieder auf eine kleine Landstraße Richtung Bergenhusen. In Bergenhusen waren die Dächer voller unbesetzter Storchennester. Im vorbeifahren zählte er 9 unbesetzte Nester. Die Störche waren weg, obwohl das Land grün, sumpfig und schilfig aussah. Was war hier los ? Kaum noch Störche hier. Denn Badewannencountry ohne Störche ist wie gutaussehendes Obst durch Überdosis Chemikalien, durch Chemikalien, trotzdem ungenießbar. Später würde er erfahren dass es kaum noch Frösche gab. Die Frösche wurden durch die Chemikalien der Bauern die damit ihre Wiesen düngten, vernichtet. Obwohl diese Wiesen Jahrhunderte ohne Chemikalien bestens Lebten aber nun der Vollidiotische Bauer, der Blinde Söldner, der Bürokratien, die die Handlanger der Chemischen Industrien sind, sich selbst zu einem hochmodernen Ignoranten Bürokratieren ließ. So ist das mit dem Glaube und der Nationalen Wirrnisse und Institutionen, das Resultat ist immer Ignoranz und Ignoranz ist immer Selbstzerstörung im Glauben das Gute zu tun. Pflicht macht Blöde und Dumpf. Wiesen mit Chemikalien düngen, bei denen bimmelt kein göttlicher Ton mehr.

Und auch das extrem kurze abmähen der Wiesen ruinierte alle Lebewesen dieser Größe. Das sah Heinz Badeschaum auch oft, es wurde bis zur Erde abgemäht. Was ist das ? Das ist Geiz ! Geistiger Geiz und Geiz ist immer selbstzerstörerisch ! Ja , das war Heinz Badeschaum auch aufgefallen, es stimmte, während der ganzen Uhrzeit im Badewannencountry, hatte Badeschaum sage und staune nur drei Frösche gesehen.

Früher, gab es hier massenhaft Frösche. Und es hatte Spaß gemacht die jungen Frösche zu fangen mit ihnen zu spielen. Sie dann wieder Hopsen zu lassen.

Aber weiter gings. Weiter gings durchs Badewannencountry. Nun fand Heinz Badeschaum jede Menge Badewannen. Zu oft standen dumpfaussehende Bullen davor und versuchten sich gegenseitig in Position zu bringen wenn Heinz Badeschaum seine Photos machte. Ab und zu versuchten sich die Bullen auch gegenseitig zu Bullenbumsen. Dabei hatten sie ihre glänzenden spitzen Penisse die rosa leuchteten in voller Positur.

Und schon fuhr Heinz Badeschaum durch die Treene Marsch. Treene dachte er, das sind Meerforellen und Lachse. Also lass uns mal dort Angeln. Über Wohlde nach Hellingstedt erreichte er Silberstedt. Dort hatte man ihn hingeschickt, weil dort das Amt war. Das Amt, das betonte die Landbevölkerung hier noch ehrwürdig. Es war 5 vor 12 als Badeschaum den Silberstedter Amtsraum betrat, und den Treene Angelschein verlangte.

Eine hagere männliche Gestalt, kurzum, als Onanierer bezeichnet, fing nun an groß zu erklären wie das war warum weshalb weswegen paragraphisch und sowieso so sei. Die haben hier oben wohl ein an der Marschmeise dachte Heinz, die Beamtenbürosenilen. Am Ende sagte Heinz Badeschaum dann zum Onanierer : Wissen sie was, stecken sie sich den Angelschein für die Treene zwischen ihre Beene.

Dann ging er hinaus, nur um weiter auf der kleinen Landstraße die mir Blumen verziert war, langsam durchs Badewannencountry, entlang der 201, bis Mildstedt, in Südermarsch zu fahren.

Das Südermarsch ist eine grüne Wüste mit Moorgräben durchzogen in denen noch Feen, Gnome, und Rumpelstielzchen ähnlichen Wesen leben. Bei klarem Sonnenschein lebten sie unter Grünzeug das vom Tau frischgehalten wird. Natürlich ist das Südermarsch auch die Heimat der Badewannenfeen. Sehr sehr selten bekommt man den Genuss sie zu sehen. Ja, Heinz Badeschaum selber ist nicht bekannt dass sie schon jemand im 20ziegsten Jahrhundert gesehen hat, geschweige Singen gehört hat. Aber in den Geschichtsbüchern der Badewannenhistoriker steht sehr genau das sie früher die zartesten Badewannensongs trillerten. Ähnlich wie der Pirol, bloß mehr summend wie die wundervolle Gesangskunst von einem Kolkraben der einige gute Psylocibe semilanceata verspeist hatte um einige Höhenflüge zu machen, die weit über seine sonstigen Flughöhenkünste hinausführten.

Genüsslich fuhr Heinz Badeschaum durch die Wiesen und Felder. Er sah nun viel schöner aus, im Vergleich zu seiner Abfahrt von München. Seine Lippen waren voll und leuchteten, er war entspannt. Weg von der Anspannung der Großstadt mit ihrem Wahnwohnmilleu wo du immer Scharf Cooool aufpassen musst auch wenn du noch so entspannt bist, damit man nicht die Menschen umrempelt, Gemüsestände ramponiert oder gegen rasende Autos knallt. Aber hier, weg davon, war er nun entspannt und fühlte sich wohlig fein. Ja sogar sehr fein.

Durch Südermarschen fuhr er dann auf die sehr schöne Halbinsel Eiderstedt. Hinauf gings auf den Deich in Nordfriedrichskoog. Eine einzige Wolke tanzte am blau des Himmels, der eigentlich garkeiner war. Dort oben auf dem Deich machte er es sich erstmal einen ostfriesischen Tee. Dieser ostfriesische Tee ist auf den Salzmarschen gewachsen und somit voller allerfeinster Auslese. Man braucht also kein Salz mehr. Genauso ist es mit den Schafen die dort leben. Die sind schon vorgesalzt. Das gleiche ist ja mit den Salzwasserfischen auch, die sind schon salzig. Das besondere am ostfriesischen Tee ist, das man ihn mit kaltem Fachinger Wasser aufbrüht. Also ganz köstlich sooon Ostfriesentee in Nordfriesland.

Apropopo Wasser ! ?
Das Wasser hier an der Nordsee.!

Einfach Tierisch !
Ganz einfach tierisch, die reinste, beste, Vorstufe zur Jauche. Als Heinz Badeschaum dann immer am Deich entlang fuhr bis zum Norderhevenkoog, dort oben grasten die Wolltepiche der Nation, und dann dort am Schöpfwerk anhielt um den Anglern zuzuschauen, wie sie in dem Binnensee vorm Schöpfwerk fischten, da packte ihn das Nordsee Mordseegrauen.

Ohhh welch Grauen.
Welche laszive Aidsbrühe war das schon.

Die deutsche Nordsee würde für Heinz Badeschaum von nun an kein Badeziel oder Angelziel mehr sein.

Auf nach Kanada. Nach Neuseeland. Oder nach Griechenland.
Die Mordsee ist nun Wirklichkeit geworden. Der Blick von Heinz Badeschaum sah in der Brühe all die inneren Raubsäuge tierverhaltenskodexe und auch die Schein und Scheinheiligkeit der Oberflächengeister der Nationen und ihre Wirrnisverkäufer in der Politik und Wissenschaft die es garnicht gibt. Es gibt aber die Raubsäugetiere die sich Menschen nennen. Und das da vor ihm, das war die Raubsäugetierjauche dieser so wunderbaren sauberen und so Ordnung muss sein, Schwinslüt.

Auch die Angler ekelten ihn an. Wie sie Aale mit Geschwüren am Mund mitnahmen. Mordsee Nordseeherpes bei Aalen, das sich dann auf den Mensch überträgt. Und wie die Angler dann versuchten zu verdrängen, und es auch schafften, als Badeschaum sie daraufhin ansprach. Verdrängung eine der Seuchen der Nationen, der Völker. Das Hauruck, Powerleben, verdrängt gerne.

Heinz Badeschaum fuhr dann wieder weiter, nach Tettebüll, nach Kotzebüll, und der Name Kotzebüll war schon sehr Weise und Vorherwissend synonym mit der Nordseekotze gewählt worden. Das waren damals wohl noch alle Heilige. Vor Tönningen bog er singend ab um Richtung Katinger Watt zu gondeln. Dieses Watt vibrierte von Seevögeln aber auch von Surfern. Das Geschäft läuft gut doch Surfer brauchen Surfwasser. Auf der Badewanne die Heinz suchte wars ja zu eng dafür. Und so ist die Abhängigkeit der Kultur wiedermal vom Überkonsum glanzlos in den Arsch getreten worden. Auf der Mordsee surften kaum welche. Nein, Surfen braucht das wohltemperierte Windchen den idealen Teich und sehr viel Wasser.

Die sind alle sehr durstig.

Möglichst sollte das Wasser nur einen Meter tief sein und immer gleichbleibende Windrichtung haben, keine Böen.

Diese Oase für Surfer war aber auch eine Oase für Wattvögel sah Heinz Badeschaum. Dann gings hinüber über das Eidersperrwerk, das jetzt schon Fehlkonstruktion ist, da das Meer es unterspült und von unten aushölt. Aber auch weil die Eider dadurch nicht mehr den Gezeitenspielplan mitmachen kann und offen ist , sondern nun zum langsamen bewegungslosen Dasein verbetoniert wurde. Das nennt sich Kultur. Die Störe kommen nicht mehr so leicht durch die Absperrungen und auch nicht Donald Ducks Plastikhaie.

Heinz Badeschaum fuhr also sehr langsam über das Eidersperrwerk , nur um dann zu diesem schönen Plätzchen zu fahren das er auf der Hinfahrt gesehen hatte. Auch dort war ein Schöpfwerk. Auch Deiche auf denen gesalzene Schafe grasten. Auch das Gezetert der Wattvögel. Er hatte diese Stelle sehr schnell gefunden, da es nicht sehr weit vom Eidersperwerk war. Und wieder fuhr er die Deichstraße entlang die nur mit Sondergenehmigung befahren werden darf. Heinz Badeschaum landete dann auf dem kleinen Parkplatz vor dem Schöpfwerk, welches das Moorwasser in die Mordsee pumpte. Vor dem

Schöpfwerk war auch ein kleiner Moorwassersee. Auf ihm schwamm eine Brandentenmutter mit ihren Kindern. Sie brachte ihnen das richtige Brandentenverhalten im gefährlichen Leben bei. Austernfischer, Silbermöwen, Sturmmöwen, der Knutt und andere Strandläufer wetzten am Ufer entlang und pickten in der Erde herum, auf der Suche nach fressbarem Gold. Auch der Triel mit seinem fixierenden Blick konnte Heinz Badeschaum sehen. Der Rotschenkel machte seine Verbeugungen und der große Brachvogel trillerte sein tlüüüiho. Kiebitze machten ihre Luftakrobatik und sehr auffallend schon jetzt im Juli große Schwärme Stare die vorbeirauschten.

Auf dem Parkplatz stand ein Auto aus Köln.

Vor dem Parkplatz sonnten sich zwei Menschen und ein Schäferhund lag neben ihnen und döste. Die Schafe auf dem Deich blökten und meckerten. Merkwürdigerweise war die Meeresluft weder salzig oder hatte den Jodgeruch. Sie war eigentlich flatt, ja irgendwie garnicht mehr da. Da hatte sich was verändert oder wurde verändert. Die Tiere sind ja auch nicht ausgestorben zbs, der Wolf oder Luchs oder Bison, nein, sie wurden abgemordet ausgerottet. Das gleiche war hier mit der Luft. Ermordet durch die Chemikalien der Chemiemafia und deren so hochgelobten Nobelpreisträger, Doktoren und Professoren. Jaja ja, dachte sich Heinz Badeschaum nicht, das sind schon Geniiiiiies, wa.

Aus der Echowelt schallte dann zurück, ja das sind alles noch Negativgeniiiies.

Als Kind war Heinz Badeschaum hier gewesen und hatte diesen würzigen Nordseeduft aufgenommen der nun aus der Erinnerung nochmal eingespielt wurde.

Aber nun war Flattheit Plattheit in der Luft.

Die Sonne entließ ganz ohne Bezahlung zu verlangen ihre wärmende Liebe auf diese Stelle. Die Enten tuckerten vor sich hin. Die vier jungen schepperten piepsend in wohlgeformter Reihe hinter der Brandentenmutter her. Die Schafe blökten wieder und kauten vor sich her. Es waren zwei Frauen die ihr Gesicht zur Sonne , im Gras lagen. Eine stille Hitze flimmerte. Heinz Badeschaum sah die blonden Haare und fühlte sich angezogen. Obwohl er Kleidung an hatte. Doch er wandte sich ab und ging vorbei ohne sie weiter anzuschauen. Da flackerten schon die Fantasien auf. Doch Heinz Badeschaum legte sie wieder in die Gehirngänge. Er tat das Rückwärts während er Vorwärts ging. Dann kam ein Polizist auf Motorrad am Deich entlanggefahren der nur mit Sondergenehmigung befahren werden durfte. Wohl auf der Suche nach jenen die sowas unerlaubt tun würden. HoHoHo. Der Schäferhund döste weiter ohne sich den Motorradpolizisten anzuschauen. Badeschaum ging zum Angler der seine 5 Angeln in die Moorwasserbrühe gelegt hatte.

Der Alte war aus Bochum, der Opa, auf Kur. Die Austernfischer schrieen lauter. Badeschaum ging wieder zurück. Vorbei an den Frauen. Dann schaute er und,,,,,,,,,,,,,wuhhhhhhhhh. Die Augen blitzten starke Funken. Sie war wunderschön, und im fruchtigen Alter um die 20-23 Jahre. Die Fantasie lief Amok. Doch Badeschaum blieb Cool. Das brauchte er. Frauen. Was war das schon. Wirrköpfe, genauso wie die Männer. Sehnsucht und der innere Kampf. Das war nicht was er brauchte. Ein Kuss oder Liebe machen weitergeben leben. Es gibt schöneres. Die Fickerei macht Säue aus zu vielen. Badeschaum war kein Eber.

Trotzdem, die Sonne strahlte und Badeschaum war mit Kühen, Bullen und Schafen auf der Suche zur Badewanne. Reden, man redet mit ihr, man lacht man flirtet und verliebt sich womöglich, aber er musste diese Badewanne finden.

Als er sich dann ein Sand-wich im Auto machte kam die blonde hübsche, ihr Haar war bestimmt gefärbt, sie wollte wohl was sein was nicht war, sie täuscht also etwas vor was garnicht da war, und sie ging zum Kölner Auto. Der Hund folgte ihr. Badeschaum schaute kurz herüber, schloss dann die Autotür, biss in das Käsebrot, mit Gurken, und hielt die Fantasie auf Trockenkurs. Sie spielte mit dem Hund, ganz in seiner Nähe und blinzelte zu ihm herüber. Dann ging sie den Deich hoch mit dem ihr folgenden Hund.

Klar, da oben, hinter dem Deich, da war sie allein, die andere Frau würde nicht so viel Glotzen, denn von Zuschauen konnte hier nicht mehr die Rede sein.

Wenn natürlich Z- Z - Top hier wären würden sie Singen : Das sie ihre Freundin auch mitbringen soll, denn sie wissen das sie schlecht sind, das ist Nationwide, das schlechte.

Heinz Badeschaum folgte den Treppenstufen die den Deich hoch zum Schöpfwerk führten. Oben stehend sah er sie unten am Ausfluss des Schöpfwerks. Die Mordsee stank ungemein übel. Bier und Weinflaschen lagen zwischen den Steinen der Deichbefestigung. Ajax und Spülfix Plastik und Tüten auch. Das war die Uferschönheit der Mordsee Nordsee die stinkende. Eine große Brühe Abfall.

Trotz allem, die Sonne brannte.
Heinz Badeschaum umging dann die möglicherweise blondgefärbte Jungfrau und watschelte, es wurde Ebbe, auf dem Watt am Priel entlang. Auffallend viele tote Krebse. Überall altes Gerümpel und Abfall. Das Aids eines Meeres war klar ersichtlich. Das Aids der Seuche Mensch. Die funkelnde Blonde ging dann wieder zurück übern Deich. Ein Schwarm Austernfischer landete auf diesem Aidssumpf. Es hörte sich so an als ob sie mächtig fluchten weil es so stank weils so mächtig stinkt. Heinz Badeschaum blieb noch eine Weile im Aidsschlick der bis zum Gummistiefelknöchel reichte stehen. Er schaute auf das faule

Watt, dann ging er zurück zum Auto und sah, dass das Kölner Auto nicht mehr da war. Er lächelte sich selber an, klopfte sich selber aufs Herz und war froh die Blonde nicht angesprochen zu haben. Er war glücklich nicht auf Halbwahrheiten zu fliegen.
   Er war einfach ganz Glücklich.
Dann, obwohl er der Eider bei Hennstedt - Horst schon Ade gesagt hatte fuhr er wieder dort hin. Dort am Eiderhof parkte er den weißen VW - Bus, ging über den Deich, legte sich genüsslich auf das Gras, die Hände hinterm Kopf, schaute über den Fluss und sinnierte.
   Er wusste, das „ übers Land strolchen im Auto „ , das tat ihm sehr gut. Weg von dem Stadtneurotiktrubel. Er war entspannt, glücklich, ja er fing nun sogar an sich wieder zu wundern. Sich wegen der Wolken wegen Grashalme wegen der rauschenden Blätter zu wundern. Er fing an zu Staunen. Es schien ihm als ob er wieder völlig unwissend wurde und das brachte ihn zum Lachen. Er lachte sich seit einigen Tagen sowieso schon öfter selber an und aus. Heinz Badeschaum war entfernt von mathematischen Formeln von Begriffen die Leben zu Statik machen. Was dann auch geglaubt wurde. Wo ein Wort Baum den Baum garnicht mehr erfasst. Kurzum, er fiel wieder mitten ins Mysterium, des Lebens selber. Alles Kopflastige an Begriffen, alles angesammelte wurde zur Farce im direkten Kontakt mit der Natur, dem Leben. Und das Leben ist nun mal ein Blick ins wunderbare selber. Heinz Badeschaum wurde sehr verträumt. Genau das was Astronauten der Religionsfaseleien oder Astronauten der Raumfahrt nicht seien können.
   Drüben, auf der anderen Seite der Erde räuberte kein Hecht sondern ein Hecht fing Fische um weiter leben zu können. Ja, da kam wieder in ihm hoch, das Räubern Räuber das gibts nur im menschlichen. Und deshalb sind menschliche Eigenschaften auf

außermenschliche Lebewesen nicht zu übertragen auf der Suche nach Wahrheiten. Zur Badewanne.

Vom Westen kam eine ganz dunkle Wolkenfront.
Es war schon nach 18 Uhrzeit. Spontan ging Badeschaum nun der Idee nach oder war es eine Kausalsache, zum Auto zu gehen. War hier alles bloß Kausal ? Er schaute da jetzt nicht tiefer rein, sondern stieg über den Stacheldrahtzaun und hörte dann eine Heuschrecke rufen. Heinz beugte sich zum Gehörten und sah auf dem Grashalm eine kleine grüne Heuschrecke wie sie ihre rötlichen Schenkel bewegte und wie dann erst das Zirpen mit einer Art Verzögerung kam, ein delay. Dann schaute Badeschaum etwas genauer und sah zu seinem Erstaunen, ganz bewegungslos, eine doppelt so große braungepunktete Heuschrecke vor der grünen. Und aus 25 Zentimeter Grasdickicht fing nun eine gleichgrüne Heuschrecke an sich in Richtung Zirpen zu bewegen.

Als Heinz Badeschaum wieder am Auto war, holte er einige Utensilien hervor, stellte sie auf den Deich, schloss die Kabel zusammen, schnallte sich die Gitarre um und schaute über die Wiesen. Unter ihm die Bullen. Sie schauten schon zu ihm. Dies sollte sein Abschiedskonzert sein. Er fing an den Eiderblues zu spielen. Der Abschied von den Bullen. Abschiedsblues für das Vieh das negative Begriffe bekam, weil es aus einer negativen Menschheit entstanden ist die noch weit sehr sehr weit vom Ansatz zum positiven entfernt sind. Das aber doch Leder, Joghurt, Sahne, Fleisch, und anderes nicht gab, sondern es wurde ihnen genommen. Er, Heinz Badeschaum spielte den Blues für das Gras, das Schilf den Wind die Frösche, die wenigen. Heinz Badeschaum spielte mit voller Kraft.

Dadurch wurden die Bullen auf ihn sehr aufmerksam. Sie fingen an sehr laut zu Brüllen. Öfter als sonst versuchten sie sich gegenseitig zu Bumsen. Und tatsächlich im Rausch des

Abschiedsblues ließen sie sichs gefallen. Aids bei den Bullen ? Eine wilde Bullenbumserei, eine Homobullenbumserei , fing da unten auf den Marschwiesen von Norderdithmarschen an. Ab und zu leckten sie ihrem Freundesbullen auch den spitzen rosa Penis ab. Musik war also nötig um Bullen für Bullen gefügig zu machen. Und dann war Eile nötig. So schnell wie der Westwind der nun den Regen übers Land schleuderte, fegte, rasen würde.

Als die ersten Tropfen fielen war Badeschaum schon wieder im Auto. Seine Entscheidung fiel auf ein idyllisches Städtchen um dort in einem Restaurant zu Speisen. Es war nur 12 km entfernt. Heinz Badeschaum fuhr nach Friedrichstadt immer am Eiderdeich entlang.

Entlang dem Ostermoor dem Westermoor vorbei an Nordfeld immer an der Eider entlang neben dem Eiderdeich. Dann über die Eiderbrücke und schon war er in diesem schönen Städtchen.

Die Idylle und das Glück, sie beide sind hier ständig anwesend. Beides war für Heinz Badeschaum sehr leicht zu sehen. Die Idylle war für ihn ein Städtchen wie Friedrichstadt. Und das Glück, das Glück war dort zu leben und das gesehene zu genießen. Die Kanäle mit ihren vielen Booten. Die Kletterrosen an den Häuserwänden. Menschen stehen auf dem Gras am Kanal unter Ulmen und Reden gemütlich. Kleine Straßen, keine Verkehrschaosssse keine große Welt der Zivilisation eher die Großwelt der Idylle die runde Welt des Glücks. Denn die Zivilisation die gibt es nur in den Köpfen. Wenn Heinz Badeschaum die Zivilisation mal treffen würde und sie fragen würde ob sie mit ihm mal die Thematik der Elektromagnetischen Felder auf denen die Bullen vorhin standen zu bereden, dann ist sie nirgendwo zu finden.

Badeschaum stellte den Wagen unter den großen Ulmen am Marktplatz dem holländischen neben dem Brunnen ab. Die Dohlen und die Krähen hatten sich schon zum Abendschwatzen in den Baumkronen über ihm versammelt.

Es regnete sachte.

In seinen Marrakechsandalen trippelte Heinz Badeschaum dann durch diese schönen Straßen. Zwei junge Taucher legten ihr Tauchzeug ins feuchte Gras. Sie sahen gut aus. Badeschaum jonglierte mit dem Wunsch in ein gepflegtes Hotelrestaurant zu gehen. Scholle mit Speck und Königspils oder Aal in Gelee zu sich zu nehmen. Er hatte dann aber doch eher Hunger auf Pizza. So ging er ins Bella Italia. Gleichwertig gute Pizza in ganz Europa.

Beim Pizzaessen goss es standesgemäß wieder stark, da draußen auf der Straße. Badewannenmanieren waren das. Zwei Pärchen hatten sich eng an den dicken Ulmenstamm gestellt und genossen den Schutz am Kanal. Ein blonder junger Angler vor ihnen, geschützt durch die Baumkronen, angelte weiter.

Nach dem dritten 0,4 Bier hüpfte Badeschaum durch die mittelstarke Dunkelheit, vorbei an großen sauberen Pfützen hinein in sein VW- Bus.

Er zog die Autogardinen vor die Scheiben. Machte das Bett. Zog sich Nackt aus. Stellte das 1 Liter Gurkenglas bereit zum nächtlichen Bierablassen und schlummerte zu den vereinzelten Tropfen die aufs Dach fielen, klatschend, in Vermischung mit einem einsamen Eulenruf, friedlich , bierieg, in das Reich des Schlafs.

Gegen Morgen pinkelte er das Gurkenglas halb voll. Dann schlummerte er weiter, locker wie eine Taubenfeder im milden Arktiswind.

Als sich dann auf dem Marktplatz einige Leute zuriefen blinzelte er durch die Gardine nach draußen. 20 Meter links von ihm war ein Blumenstand aufgebaut. Weitere Autos kamen.

Er Gäääähnte......Waaaaaas.

Mensch sofort weg hier. Heute ist Markttag. 6,30 Uhrzeit Morgens.
Ruck zuck angezogen und schon knatterte er in eine andere Grachtengasse. Dort Frühstückte Heinz Badeschaum. Kaltes Wasser. 3 Schwarzbrotstullen mit Erdnussbutter, Lecker , und Akazienhonig.

Mhhhhm, lecker, prima.
Ein Opa mit Mütze und Pfeife im Mund kam vorbei, schaute in den Bus ohne Badeschaum zu sehen, schüttelte den Kopf, ging weiter.

Heinz Badeschaum packte dann alles wieder schön zusammen. Bürstete die Zähne. Leerte den Darm in eine Edekaplastiktüte. Warf diese in den Mülleimer der dort stand und fuhr los.

Gestern hatte er sich vorgenommen nun endlich mal die Nordseite der Eider abzufahren. Dort sah er auch gestern die Hechte jagen. Er fuhr in den Oldenkoog Richtung Draage um zur Nordfeldschleuse zu kommen. Natürlich wieder durch starkböigen Wind mit vereinzelten Regengüssen. Diese Nordseite der Eider war noch viel Unbewohnter noch flacher. Fischreiher, Kühe, Bullen , Kiebitze. Alle Landstraßen hatten verbotene Durchfahrt nur für Anlieger frei. Die Bauern hielten dadurch den unendlichen Strom der Reisenden fern. Hier nördlich der Eider ging die Straße oft nicht weiter. Sie führte oft bis zum Eisentor der Wiesen oder aber endete ganz einfach vor Feldern. Natürlich ohne Sackgassenangabe. Durch Drage fuhr er dann Richtung Eider. Als es so aussah das es nicht mehr weiter ging konnte Heinz Badeschaum nur noch auf den Bauernhof fahren um dort umzudrehen.

Auf dem Hof stand der Bauer der seine Milchkannen ins Haus trug. Ein sehr sehr alter Schäferhund röchelte, was man als Bellen ansehen musste, Badeschaum an, als dieser aus dem

Auto stieg.

Heinz Badeschaum fragte den Bauern wie er von hier an die Eider kommt.

Der Bauer, so beobachtete Badeschaum, musste erst aus seinem geruhsamen verinnerlichten Zustand des Seins in die Ebene des Sprechens und Denkens zurückkommen, so einsam wars hier. Es dauerte einige Sekunden bis er freundlich ruhig sagte : Sie können ruhig das Tor zurückschieben um dort weiterzufahren. Es geht von dort direkt bis an die Eider. Sicher wollen sie dort Angeln.

Ja, antwortete Heinz Badeschaum. Aber heute möchte ich nur schauen.

Ach, an dieser Seite der Eider ist auch nicht mehr los meinte der Bauer daraufhin sofort.

Doch Badeschaum wusste dass die Fische mit Sicherheit die ruhigen Plätze finden.

Oder sie fahren zurück, meinte der Bauer, durch Drage, und sehen sie dahinten, er zeigte auf eine Stelle, den Hof, das ist auch ein Schulz, dort ist ein ganz neuer Plattenweg gelegt worden, der führt auch direkt zur Eider.

Der Bauer Schulz war sehr freundlich. Er ließ wissen dass er einen Bootssteg hatte und auf der Eider gerne sein Motorboot fuhr. Auch das er schon 40 Jahre diesen Hof bearbeite. Als Badeschaum etwas zu Lachen anfing war es für Bauer Schulz das Zeichen weiter zu Arbeiten. Er ging zurück ins Haus. Badeschaum rief noch : Besten Dank. Dann fuhr er durch Drage tatsächlich am Bauern vorbei auf dem neuen Plattenweg direkt an die Eider.

Einmal hielt Badeschaum kurz an, denn eine junge Dohle saß im Weggebüsch noch wackelig auf den Beinen und schaute sich unängstlich in die Maarschwelt hinein ohne etwas von einer total verblödeten Weltpolitik zu wissen geschweige etwas von einer Sicherheitsdiktatur. Badeschaum betrachtete den Vogel eine Zeitlang. Ein Fasan köterte im Gebüsch.

Am Ende des Plattenwegs ging Heinz Badeschaum dann 20 Meter bis zur Eider und tatsächlich, das war genau gegenüber vom Hennstedter Angelverein.

Ideal.

Einfach fantastisch. Hier würde Heinz Badeschaum beim nächsten mal zum Angeln hinkommen. Niemand angelt hier. Und das war schon zu viel ! Hier waren keine Angler ! Hier würde er Zander, Hecht, Karpfen, Barsch, Schleie, Plötze Brassen und Aal fangen. Uhh prima. Da ist auch die Sandbank die von der anderen Seite gut gesehen werden konnte. Dort werden Zander stehen. Die Nordseite ist also fast unbewohnt.

Doch ein frischer Wind blies das Blöken der Jungbullen zu ihm. Von wegen fast unbewohnt ! Die Jungbullen kamen nun auf ihn zugewatschelt. Badeschaum ging wieder zum Auto und fuhr zurück. Aber rückwärts. Denn auf dem Plattenweg waren keine Wendemöglichkeiten.

Dort, wo die einzige Kurve im Plattenweg war, flog aufeinmal ein Falke am Hinterfenster vorbei. Badeschaum blickte dem Falken eine halbe Sekunde nach, und schon wars passiert.

Ja, es war ganz plötzlich da.

Der Wagen kam von den schmalen Platten ab und sackte ruck zuck mit der Fahrseite in den noch ganz frischen Sand. Er sackte so schnell so tief nach links das der Motor im Nu auf den Platten lag und die rechte Autoseite nur noch provisorisch den Erdboden berührte.

Heinz Badeschaums Herz überschlug sich kurz. Der Bus war dem Umkippen nahe. Eine starke Böe und er liegt auf der linken Seite, der Wagen.

Nochmals durchzog ein Schrecken unseren guten Heinz Badeschaum. Bloß sowas nicht, bloß jetzt nicht umkippen. Verdammt das der Sand aber auch so tief so weich war. Als er die Fahrertür aufmachte schlug sie mit Wucht auf wobei das Auto verdammt gefährlich zitterte.

Badeschaum rutschte sich vom Sitz auf die schräge Grasfläche. Er rutschte aber gleich soo weit weiter soo schräg war es da, und nein, doch, das war ein breiter Moorgraben gut getarnt durch hohe Gräser und fast völlig überwachsen. Der Wagen würde dort drin absaufen. Noch im Rutschen strampelte Heinz gegen das tiefer ins Wasser sinken und er schaffte es tatsächlich die Stiefel nicht voll Wasser zu bekommen. Heinz Badeschaum wusste ganz genau dass die Jungbullen dahinten lachten und voller Wucht ihre Hinterhufen in die Luft wirbelten. Und Furzten .

Aber Heinz Badeschaum musste sehr schnell aus dieser Position kommen. Womöglich fällt der Wagen noch auf ihn. Und dann noch dieser Sumpf bloß weg hier ! Wieder auf dem Plattenweg holte er erstmal ganz vorsichtig die Kamera aus dem Auto. Dabei merkte Heinz dass der Wagen extrempotenzial hatte in den Graben zu fallen. Diese halbe Sekunde Unaufmerksamkeit beim Rückwärtsfahren. Mensch Heinz da hast du ja ein Schlammmassel gemacht in dieser Gegend. Hier gibt es keine Notrufsäulen hier gibt es nur Zaunpfähle. Aber dahinten war der andere Schulzbauernhof. Also sofort dorthin. Dort gibt es Trecker.

Ohne zu überlegen watschelte Heinz Badeschaum zum Bauernhof.
Hinten auf dem Hof waren zwei Männer dabei Stahlmatten in kleinere Stücke zu sägen und sie für das Betonfundament in Position zu legen.

Ist der Bauer Schulz hier fragte Heinz.

Nein, die sind alle ins Dorf gefahren.

Heinz erklärte ihnen die Situation. Erst als er sagte : Also könnt ihr mich denn nicht mit eurem Baumercedes rausziehen, willigten sie ein. Der jüngere von den beiden etwa 20 sollte Heinz Badeschaum rausziehen. Er holte ein Stahlseil aus der Treckerscheune und schon gings los.

Badeschaum war erleichtert. Die Bauarbeiter hatten vorgeschlagen das Auto in so einer Situation nur von hinten raus zu ziehen. Badeschaum wusste aber das alle festeingestellten Meinungen Urteile Tätigkeiten unweigerlich mal zu Fehlprognosen führen müssen weil sich das Leben immer ändert und jede neue Situation neue Sichten brauchte. Nur das Ewige nicht. Das Ewige Leben ist der Faktor der das Leben betrachtet Sehen und Hören und einiges vieles mehr. Als die beiden dann beim schrägen Bus waren und der Junge schon das Kabel von hinten anmachen wollte, fiel Heinz auf, das der Bauarbeiter sich garnicht voll auf die Situation eingestellt hatte, denn der wusste selbstverständlich schon alles im voraus.

Heinz Badeschaum wusste das es ein Fehler war den Wagen nach hinten herauszuziehen. Alleine schon deswegen, weil seine Bauarbeiter Meinung schon von vornherein feststand ohne den Wagen überhaupt gesehen zu haben.

Neee nee das wird nicht gut gehen sagte Heinz schließlich zum Jungen. Der Wagen kippt garantiert um. Die Hinterräder sind nicht lenkbar. Wenn wir so weitermachen kippt der Wagen.

Also wurde das Seil vorne festgemacht.

Etwas zittrig stieg Heinz dann in den Bus, machte den Motor an, hielt sich mit der rechten Hand an der Beifahrertür fest und ganz langsam zog der Mercedes an. Das Auto wurde langsam vorwärts gezogen, war aber so tief im Sand das die Vorderräder nicht auf die Platten griffen. Und das musste sein damit der

Wagen überhaupt raus kam. Glücklicherweise waren 15 Meter weiter eine Linksabbiegung zu einer Koppel und darauf konnte der Wagen durch den Sand gezogen werden.

Das begriff der Junge sofort und es klappte auch.
Sichtlich erfreut bedankte sich Heinz Badeschaum beim Jungen.

Der war auch erfreut !
Jeder machte sofort seine Arbeit weiter. Heinz holte die Kamera aus dem Mercedes und der Junge legte das Stahlseil auf den Mercedes.

Was trinkt ihr fragte Heinz Badeschaum. Ich will euch was zu trinken besorgen freute sich Badeschaum.

Der Junge überlegte kurz, dann sagte er : Kein starkes Zeugs. Sprudel oder Bier.

Erfreut fuhr Heinz Badeschaum rückwärts bis zum Schulzhof. Dann weiter, vorwärts bis zum Edekaladen in Drage. Kaufte 6 Flaschen Holstenbier, flitzte zurück, übergab die Flaschen und sagte dem Jungen das er diese gefährliche Stelle sofort verlassen wollte. Dann bedankte er sich nochmal mit Handschlag bei ihm. Oder anders formuliert : Er Dankte dem Jungen für die Hilfe. Heinz Badeschaum bemerkte dabei dass der Junge etwas verlegen verunsichert zu dem älteren Arbeitskollegen schaute welcher aber nicht zurückschaute.

Ein wenig rasend verließ Heinz Badeschaum den Bauernhof. Von hier an ist keine Straße mehr auf den öffentlich erhältlichen Autokarten verzeichnet. Nur blaue Striche als Symbole für Moore und Marsche. Einmal kam er noch auf eine schmale Teerstraße bis zu einer Gruppe Milchkühe die von einem blonden langen dünnen Jungen geführt wurden. Da die Straße ausgelastet war fragte Heinz Badeschaum den Jungen wo die Straße hinführt.

Zu den Wiesen die führt nicht weiter, rief der Junge gegen

den rasenden Wind. Dabei flatterte sein Haar stark. Hier war alles schön. Schön für Moore. Schön für Kühe. Schön für Vögel. Schön für Bullen. Schön für Bauern. Doch so schön wars dann auch wieder nicht, denn die Störche sterben ja hier aus, werden ausgestorben.

Heinz Badeschaum drehte um und musste bis Drage zurückfahren. Aber die Wertschätzung für diese Autoenge Gegend blieb. Sie musste auch so bleiben. Von Drage führte dann eine schmale Landstraße Richtung Süderstapel.

Süderstapel war für Heinz Badeschaum ein lebenslanges Ereignis. Als Kind hatte er immer diesen schönen Blick von Horst aus, über die Felder die Eider genossen, hin zu Süderstapel mit dem runden Kirchturm dem weißen, dahinten. Das war alles was er jemals von Süderstapel gesehen hatte. Aber diese Blickrichtung war voller landschaftlicher Schönheit. Und obwohl sich sein Körper nun in den Jahren verändert hatte, hatte sich aber sein Sehen nicht verändert. Das Sehen war nicht gealtert. Er was genauso Frisch und Direkt und Sauber wie ehh und jehh oder wie immer. Denn das Sehen ist ja das Wesen und nicht der Körper der spätere Leichnam und ebenso das Hören ist das Wesen. Sehen und Hören gehört also zu dem unsterblichen Wesen von Heinz Badeschaum. Aber dessen war er sich damals auf der Suche zur Badewanne noch nicht so richtig bewusst.

Aber Heinz Badeschaum hatte diesen Kirchturm der ihm gefiel noch in Erinnerung. Und Kirchen gefielen ihm dem Heinz Badeschaum. Das Gebäude Kirche gefiel ihm. Aber nicht die Arbeitsorganisationen die damit zusammen hing. Die verbogene Philosophie. Der mörderische Werdegang. Aber wie sollte er auch anders sein. Da die Menschen sich von der Persönlichkeit her aus dem Tierkörper heraus, weg, entwickeln. Das geht ja nicht anders. Das tierische ist einfach noch viel zu stark und das

spirituelle bloß ein Fürzchen im Nordsee Mordsee Wind.
    Aber in den Kirchtürmen da waren Dohlen, Falken. Eulen und sogar der Glöckner von Notredam. Der Kirchturm der runde von Süderstapel wurde sichtbar größer. Das Wetter auch. Die Wolken wurden fetter. Der Wind dünner. Und Badeschaum war so wunderschön entspannt so lässig übers Land zu rollen. Und da ! Sein Blick ging links auf die Koppel. Direkt vor Süderstapel lagen 2 Badewannen gemütlich auf der kurzen Wiese.
    Heinz Badeschaum wusste sofort das war die Stelle. Hier würde er die Badewanne finden. Völlig erfreut stellte er den Wagen neben dem Maisfeld ab, nahm die Kamera und stieg über den Stacheldrahtzaun. Dort war ein Kreuz mit Blumen geschmückt. Kein Name. Vielleicht war hier ein Außermenschliches Wesen begraben.
    Die Wannen waren fantastisch. Eine war Leer. Die andere voller Regenwasser. Badeschaum ging um die Wannen herum. Sie hatten also die Weisheit des lächelnden Lebens gesammelt. Kein weiteres Leben mehr. Hier traf sich Energie und Leben ohne Bewegung. Hier war die Suche zur Badewanne vollendet. Heinz Badeschaum legte sich dann in die leere Badewanne und schaute zur Sonne. Aber so besonders wars auch wieder nicht. Energie und Leben ohne Bewegung. Kein weiteres Leben was soll das ! ? Er merkte keinen Unterschied, keinen feinen. Trotzdem sinnerfüllt weil er intuitiv wusste dass jedenfalls auf dieser Reise, diese Badewanne die beste war, mit der saubersten Ausstrahlung. Und so schaute er übers Land dem mehr und mehr vergifteten.
    Vielleicht war es eben gar nichts, dieses Treffen. Möglich ist es, das gar-nichts-gar-gekochtes-nichts-also leicht verdaulich - appetitlicher - appetitlicher gemacht - und nichts muss ja auch was sein - eben nichts und deswegen ist nichts auch nicht nichts

vor dem man Angst zu haben braucht.

Ja, in der Erkenntnis, da gibt es gar kein Nichts. Hurrrah....Hurrraaaaaahhhh.

Es gibt kein Nichts. Hurrrraaaahhhh.

Ein sehr großer Schwarm Stare kam in dem Moment herübergeflogen. Es rauschte angenehm und er wurde von einigen Staren beschissen. Aber es macht ja nichts von Staren beschissen zu werden. Ist doch angenehm.

Doch nun dämmerte es in Heinz Badeschaum. Die Badewanne mit ihrer mystischen Kräfterei war wieder mal ein Hirngespinst der hirnspinstigen Menschen. Verfasst in dicken Büchern, angepriesen als Heiligste der Bücher und trotzdem nur Hoffnung für Blöde. So war also Denkerei in dieser Substanz. Philosophische Steifheit. Aber auch lebensfrohe Lockerheit . Das waren doch nur Furze in der benebelten Geburt des wachwerdenden Halbmenschen. Erst wenn der Mensch ein Klumpen Gold geworden ist, erst dann wird er alle Furze nicht mehr brauchen.

So war das also.

Ja, das war diese deutsche Begriffsfaschisterei das „Nichts" . Das ist der Geist der negativen destruktiven Geister. Denn ein „Nichts" ist unmöglich. Ein „Nichts" ist absolut unlogisch. Denn aus Gott kann nur Gott kommen. Ja, das deutsche „Nichts" ist ein Betrug ein Faschisten also ein Raubsäugetierbegriff und Fantasie. Im englischen gibt es kein „Nichts" in der Sprache gibt es das „ Nothing „ und das bedeutet nicht „Nichts" sondern „ No - Thing „ also Kein- Ding. Also etwas das Überphysisch ist, Übersinnlich, Überrational, oder Nicht-Physisch.

Ja, das wurde Heinz Badeschaum dort in der Badewanne liegend klar. Also musste sie doch etwas säuberndes Befreiendes haben diese Badewanne. Ja, Heinz Badeschaum hatte gefunden dass er viel viel besser ist als alle Vorstellungen. Da er ja der Erschaffer der Vorstellungen war.

Alles gewünschte alles erarbeitete, da half auch keine Badewanne mehr schrie Heinz Badeschaum nun ganz laut.

Da hilft keine Badewanne mehr schrie er nochmal. Die Kühe auf der Nachbarwiese hoben ihre Ohren an. Aber damit nicht noch andere diesen wunderschönen Weg machen, muss ich die Situation ändern sagte Heinz Badeschaum dann zu sich.

Er ging zurück zum Auto. Ganz klar im Kopf zog er sich andere Kleidung an. Er holte seine aufblasbaren Spielsachen hervor und blies sie auf. Dann malte er sich schwarze Striche ins Gesicht. Danach pumpte er sich selber auf. Er gab sich Conanmuskeln . Er gab sich ein breites Kamikazestirnband. Er legte sich die aufblasbare MG- Kette um den Conankörper. Dazu nahm er auch diese unwahrscheinliche schimpansenartige Mundbewegung von Rocky Stallone. Dann schleppte er das aufgeblasene Spielzeug auf den Erdwall der eine Seite der Badewannenwiese als Zaun umgab.

Da unten, vor ihm, lagen die Wannen.
Dann warf er einige Rauchbomben in Richtung Wannen. Und schon gings los. Er warf sich hinter das Plastik- MG und feuerte heiße Salven auf die Badewannen. Erde spritzte hoch. Querschläger pfiffen Lilly Marlene. Schnell noch einige Plastikgranaten hinterher geworfen.. Dann sprang er rüber zur Stalinorgel nur um darauf Bach zu spielen. Doch das Wasser wollte nicht fließen. Salve auf Salve legte er auf die Stalinorgel. Zu seiner Zufriedenheit der zufälligen, jagten auf einmal 2 Phantom im Tiefflug über ihn. Das Getöse trieb ihn noch mehr an. Zwei Panzerfäuste wurden abgefeuert. Dann stieg er in den Plastikpanzer und feuerte weiter aus allen Rohren. Sämtliche Munition sogar der Flammenwerfer lief auf Touren. Hinten auf

der anderen Koppel gerieten die Pferde ins Rasen. Laut wiehernd galoppierten sie. Herum natürlich.! Wild mit den Hinterbeinen um sich schlagend. Die Kühe gerieten auch in Panik. Doch ihre fetten Euter ließen sie bloß lahm trotten. Als sämtliche Munition abgefeuert war schnappte sich Badeschaum noch das Sigurd Excalibur-Schwert das aufgeblasene. Er hatte Mühe es zwischen den Zähnen zu tragen als er mit hohem Karatesprung über den Zaun sprang, nun mit dem Schwert angreifend. Wild umherspringend, schreiend vor Freude landete er auf dem feuchten Gras, rutschte aus, klatsch, mit dem Gesicht im Kuhfladen. Doch das machte Nothing. Er griff weiter an. Beim ersten zahmen wütenden Schlag auf die Badewanne verpuffte das Wunderschwert aber. Auch der Karateschlag, der Böse, tat ihm so weh, das ihm das rechte Ohr fast abfiel. Nöööö, das reicht. Die Badewannen sind Sieger sie sind nicht kaputt zu kriegen. Kein Kratzer ist an ihnen. Wieder jagten 2 Düsenjäger der Luftwaffe über ihn her. Nööö, das reicht. Als er sich umdrehte um zum Auto zu gehen hörte er das Hupen eines Treckers. Beim Trecker angekommen sah der Bauer Badeschaum, jetzt aber schon wieder auf Normalmaß geschrumpft.

Mensch, euch Irren aus der Stadt, was wärt ihr bloß ohne unsere Arbeit ohne das wir euch ernähren, und das ist das Resultat. Dann spuckte der Bauer eine Ladung Kautabak vor Badeschaums Füße und fuhr weiter. Heinz Badeschaum holte sich dann Seife, Handtuch, Shampoon, ging zurück zur Badewanne und legte sich in die volle Wanne um sich zu reinigen.

Während er badete kamen Kühe und Pferde um zuzuschauen was da in der Badewanne denn los war. Die Sache war ihnen aber nicht sehr geheuer und so blieben sie auf Distanz.

Frisch gebadet fuhr Heinz Badeschaum dann in das Dorf Süderstapel. Parkte den Wagen neben dem Tierarzt und Kirche.

Er wollte sich diese Kirche ansehen. St. Katharien Kirche war ihr Name. Sie ist die älteste Kirche der Landschaft Stapelholm. Heinz Badeschaum ging in die Kirche. Vor dem Altar lag ein Sarg. Kein anderer Mensch war anwesend. Wollte er vielleicht beten. Er ein Stadtmensch, nun beten. War Gott nicht totgesagt. Gesagt und geschrieben wird immens viel. Sehr viel. Nein er kam nicht zum Beten. Eine gemütliche kleine Kirche fast tausend Jahre jung. Er schaute auf den blumengeschmückten Sarg. Dort lag nun die Leiche. Ohne Leben. Ein Gästeblatt lag vorne am Eingang. Man konnte sich dort einschreiben um bei der Beerdigung mitzumachen. Sein Beileid schreiben. Keine Eintragungen waren bis jetzt gemacht worden. Badeschaum suchte in der Kirche herum. Dann fand er die Tür zum Turm die offen war. Innen war der Treppengang nach oben aus frischem Holz gemacht. Er kletterte vorbei an den zwei Glocken bis zur Turmspitze. Von dort konnte er weit übers Land schauen. Zum ersten mal sah er nun südlich herüber nach Horst und Hennstedt. Auch das Badewannenkampffeld lag unter ihm.

Na und !

Als er wieder runtergehen wollte fing die Turmuhr Elf Uhr zu schlagen an. So wartete er über der Glockenkammer bis die Uhrzeit zerschlagen war.

12.8.85
Wolf Schorat
München 40
Schleißheimerstraße 188
In den Computer getippt, beendet, am 22.3. 2004
Computer Satz Layout 12.8.2006

ST. KATHARINEN-KIRCHE SÜDERSTAPEL

BAUGESCHICHTE

Die St. Katharinenkirche zu Süderstapel ist die alte Hauptkirche der Landschaft Stapelholm und wohl auch die älteste Kirche der Gegend.

Der Bau ist eine einschiffige, flachgedeckte romanische Feldsteinkirche mit Chor (Altarraum) und Apsis, einem mächtigen Rundturm an der Westseite und einem südlichen Vorhaus aus Backstein.

Die Baugeschichte ist nicht völlig geklärt. Der Chor ist wohl der älteste Teil. Er ist in zwei Bauphasen entstanden. Ein deutlicher Absatz vor dem oberen Wanddrittel innen und die Schichtung der Feldsteine außen weisen darauf hin. Vor allem zeigt ein zugemauerter Fensterbogen in der Nordwand des Chores (außen gut sichtbar), dass der Chor ursprünglich niedriger gewesen ist. Vielleicht war er zuerst eine Kapelle. In einem zweiten Bauabschnitt wurde dann der Chor erhöht, die Apsis angefügt und das große Kirchenschiff und der Turm gebaut.

Baubeginn der Kirche war vor 1200, fertig wurde sie in der ersten Hälfte des 13. Jahrhunderts. Die Ausflickungen an Chor- und Apsiswand und der Bau des Vorhauses wurden in der Barockzeit vorgenommen. Die Strebepfeiler sind z.T.. älter. Das spitzbogige Hauptportal ist aus gotischer Zeit. - 1954 wurde die Kirche gründlich restauriert (u.a. Deckenbemalung).Der Turm ist einer der drei Rundtürme im Landesteil Schleswig. Er ist nur von innen zugänglich und hatte nur zwei schmale Schlitzfenster (innen, jetzt zugemauert). Im unteren Teil sind die Mauern bis zu 2 1/2 m dick. In Notzeiten ist der Turm, sicher zu Zwecken der Landesverteidigung benutzt worden (als Zufluchts- und Vorratsort|. Der Turm hat verschiedene Spitzen gehabt. 1876 erhielt er (nach Erhöhung des Turmstumpfes) eine Spitze aus Backstein mit einer Art Wehrgang. Diese Spitze musste 1971 wegen Baufälligkeit abgebrochen werden. Die jetzige Spitze mit Aussichtsraum wurde 1972 errichtet. Man hat von oben eine gute Aussicht über das Land.

AUSSTATTUNG

Altar ist eine Arbeit der Spätrenaissance. Er wurde 1609 von dem Rendsburger Schnitzer Hans Peper (oder Sander) gefertigt. Vier Bilder von Detlev Sibberen sind umgeben von Säulen, Hermenpilastern, Tugendfiguren und Engeln. Dargestellt sind in der Mitte die Kreuzigung, links die Taufe Jesu durch Johannes, rechts die Einsetzung des Abend-Mahls, oben die Auferstehung.

Die Kanzel stammt aus derselben Stilepoche wie der Altar. 1615 wurde sie von einem unbekannten Husumer Schnitzer (aus dem Umkreis Pepers) nach dem Vorbild der Schwabstedter Kanzel geschaffen. Der fünfseitige Korb zeigt folgende Reliefs (von links) Sündenfall, Kreuzigung (siehe Abbildung Rückseite), Wappen der Herzöge von Schleswig-Holstein, unbekanntes Wappen, Auferstehung. Der sechsseitige Schalldeckel hat eine reich kassettierte Unterseite.

Die Taufe (spätgotisch, 15. Jh..) aus blauem Marmor ist ein Import aus Namur in Belgien. Sie hat die Form eines achteckigen Pokals mit vier Köpfen. Ein Taufbecken aus Kupfer ist fest eingesetzt. Heute wird es durch die neue Bronzeschale verdeckt. Die Emporen stehen auf z.. T. sehr schön beschnitzten Spätrenaissance-Stützen. In den Feldern der Nordempore sind 21 Bilder mit Szenen aus Altem und Neuem Testament, 1844 von H. K. du Ferrang aus Friedrichstadt gemalt. Die Bilder stellen dar (von links) 1. Sündenfall, 2. Vertreibung aus dem Paradies, 3. Kain und Abel, 4. Sintflut, 5. Noah nach der Flut, 6. Sodom und Gomorrha. 7. Opferung Isaaks, 8. Elieser und Rebecca, 9. Jacobsleiter, 10. Jacob kämpft mit dem Engel, 11. Josef im Gefängnis, 12. Josef vor Pharao, 13. Durchzug durchs Rote Meer, 14. Eherne Schlange, 15. Simson und der Löwe, 16. David und Goliath, 17. Verkündigung an Maria, 18. Geburt Jesu, 19. Kreuzigung, 20. Auferstehung, 21. Himmelfahrt,

Der Orgelprospekt ist von 1800, die Orgel selbst ist 1968 von Waldecker, Ludwigsburg, neu gebaut.

Altarleuchter: 1 Paar aus Messing, 15./16. Jh.1Paar aus Silber, 1964.

Das Erste BadewannenFoto auf der Reise zur Badewanne in Bayern

Die Badewanne am Bauernhof Bellwied in Heiligenhaus

Badewannen in Holstein

Holsteiner Badewannen

Badewannen GötterHämmerung in Holstein

Holsteiner BadewannenKühe

Holsteiner DeichBadewannen

BadewannenSuche in Holstein

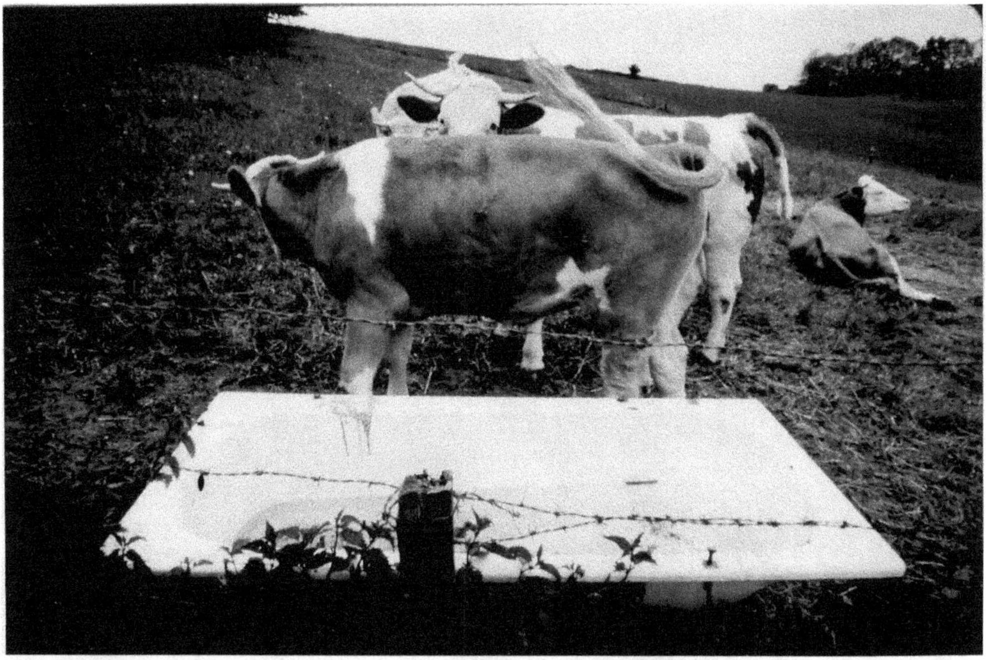

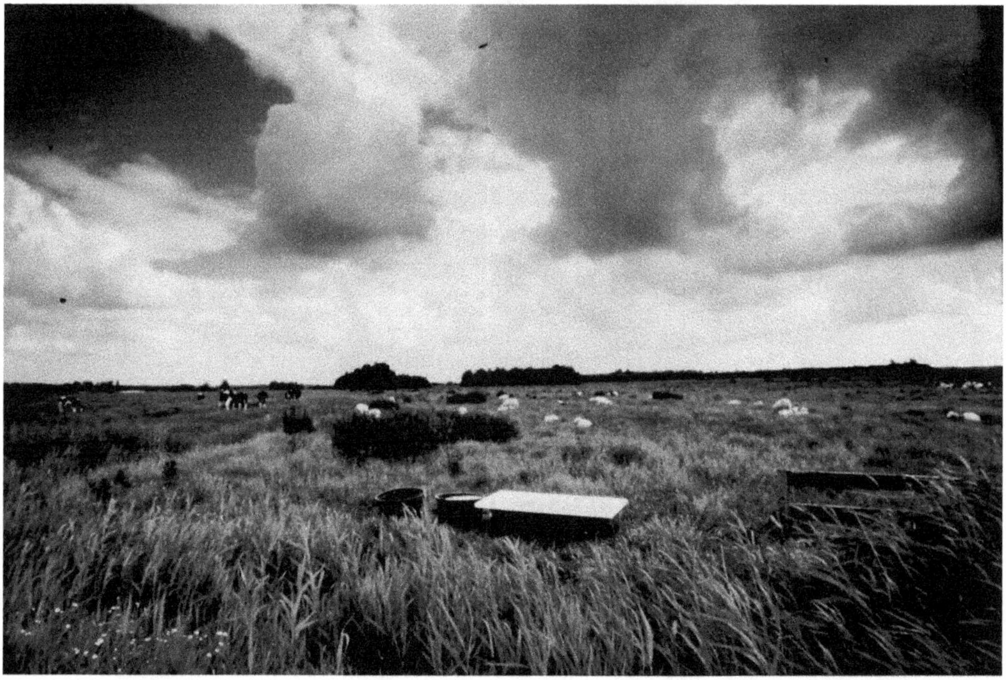

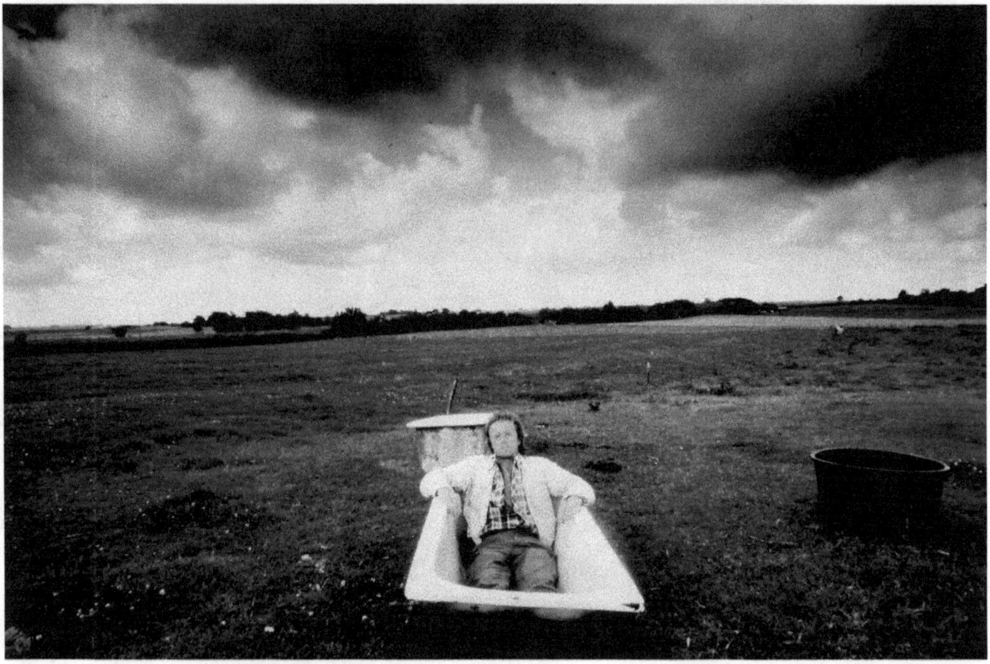

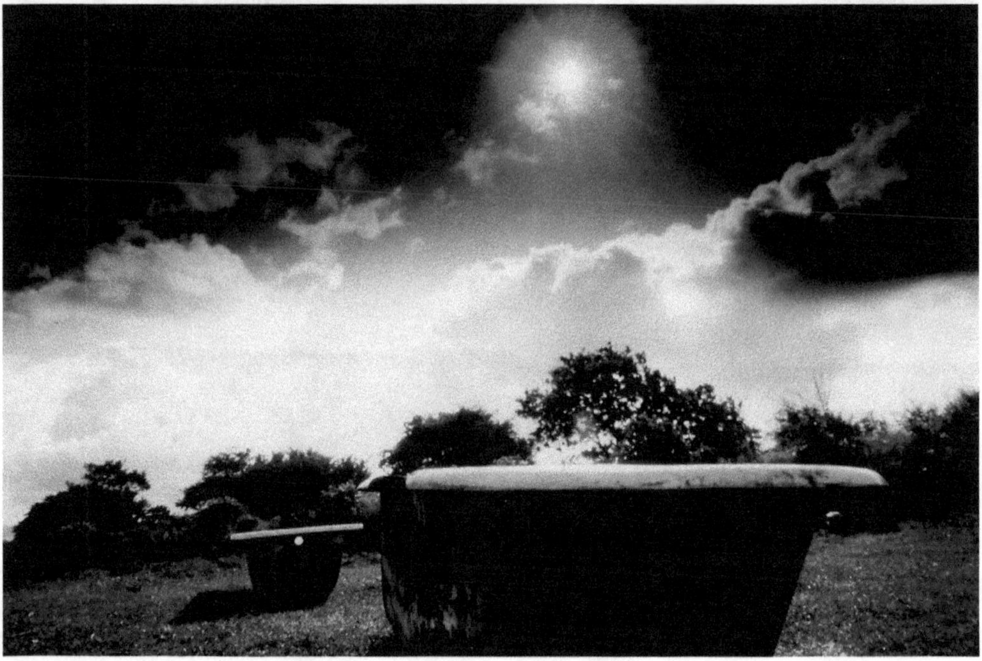

Heinz Badeschaums BadewannenHimmel

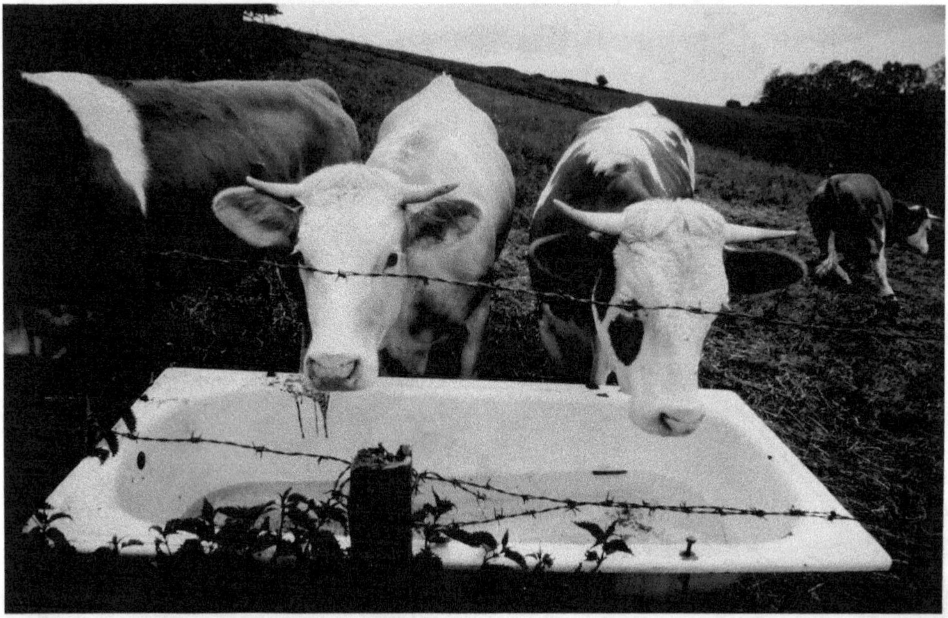

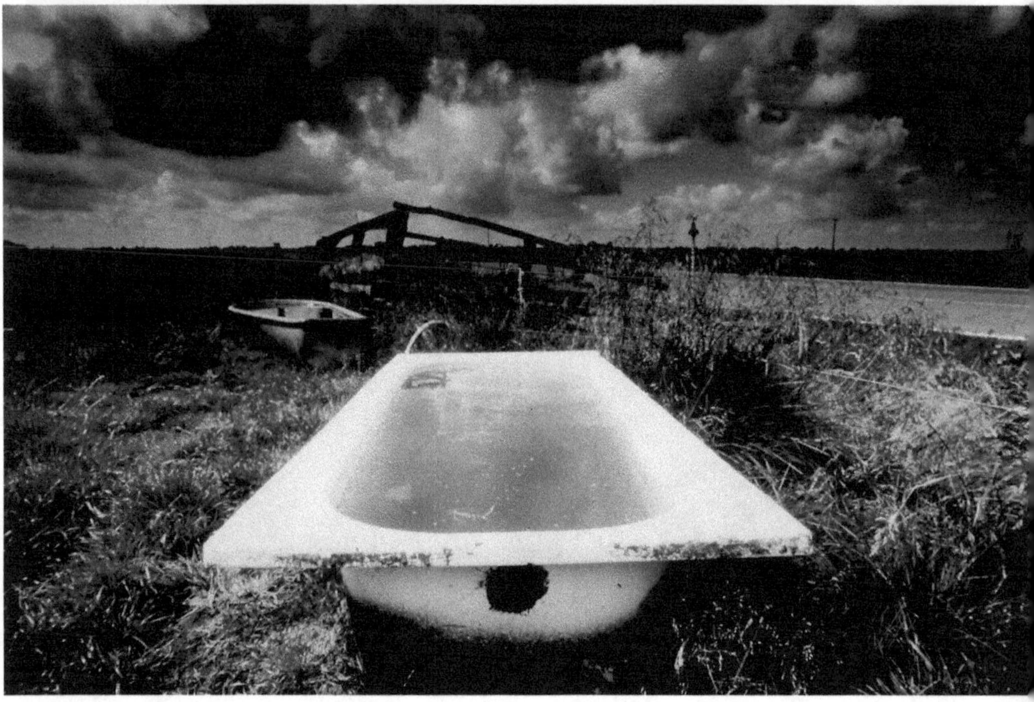

Holsteins Kühe sind die BadewannenWeltMeister

Badewannen GötterHämmerung ala Holstein

Heinz Badeschaums HolsteinBadewannenHimmel

Holsteinische WiesenSauberkeit

WiesenBad für gute Hygiäääne

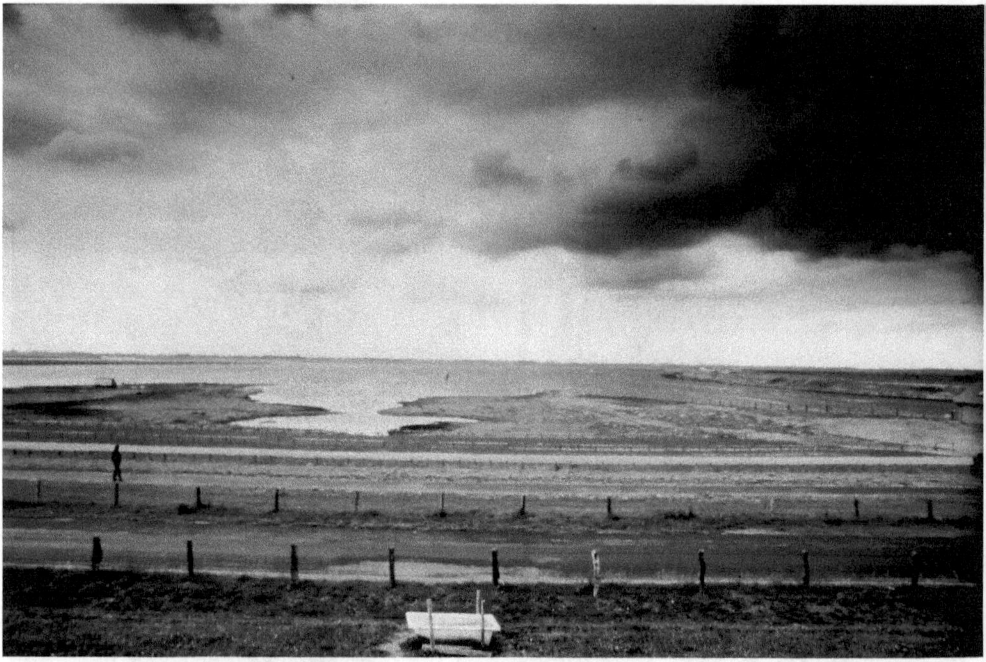

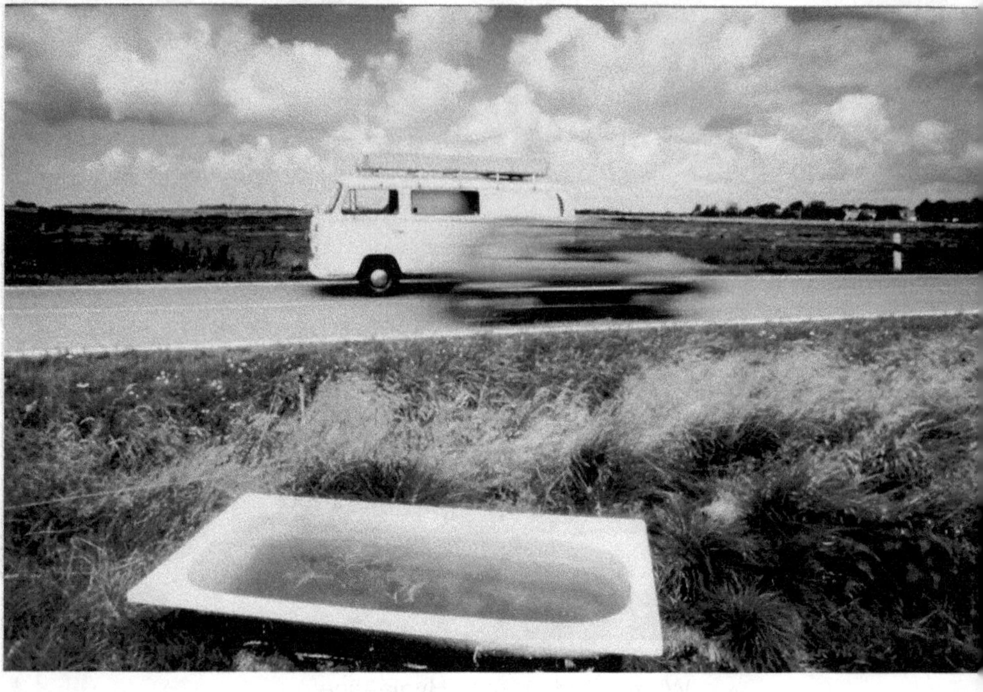

Badewannen GötterHämmerung der Landwirte Holsteins

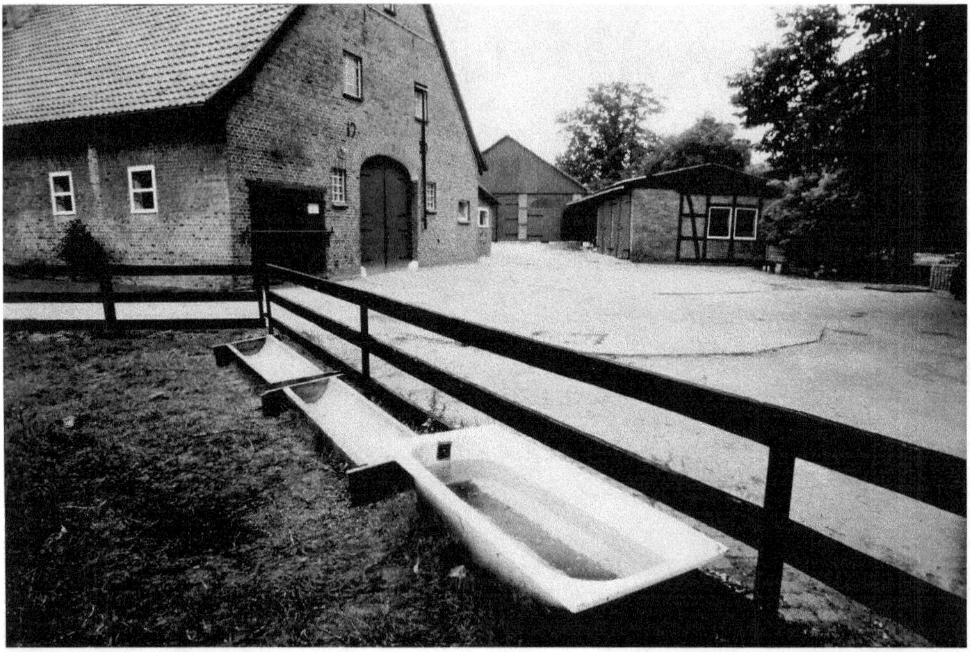

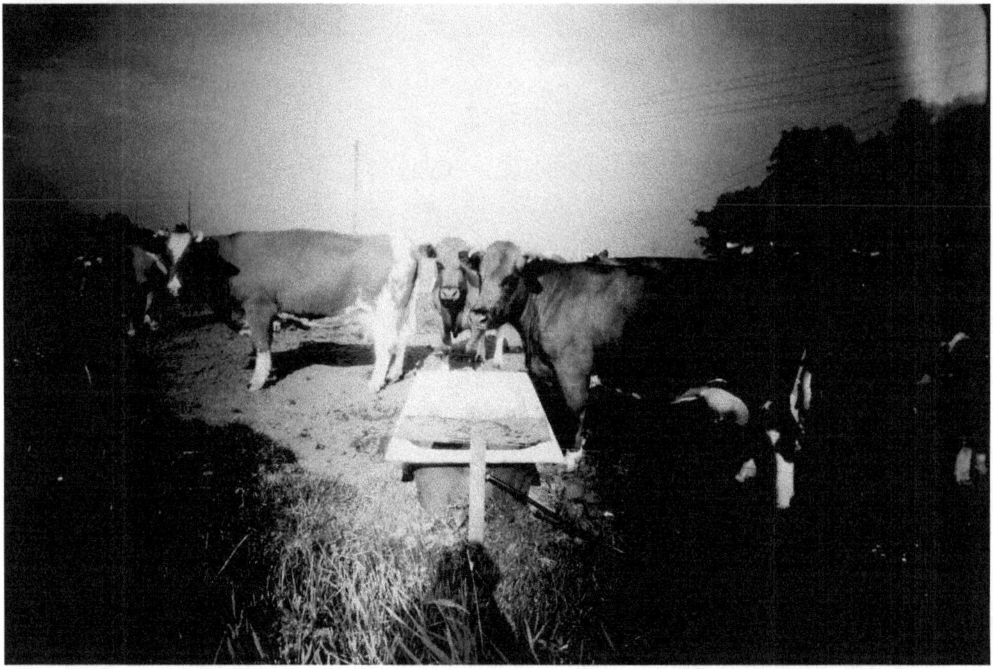

Drei Badewannen an der Nonnebrucherstraße 20 in Heiligenhaus
Und glückliche WannenKühe in Holstein

105

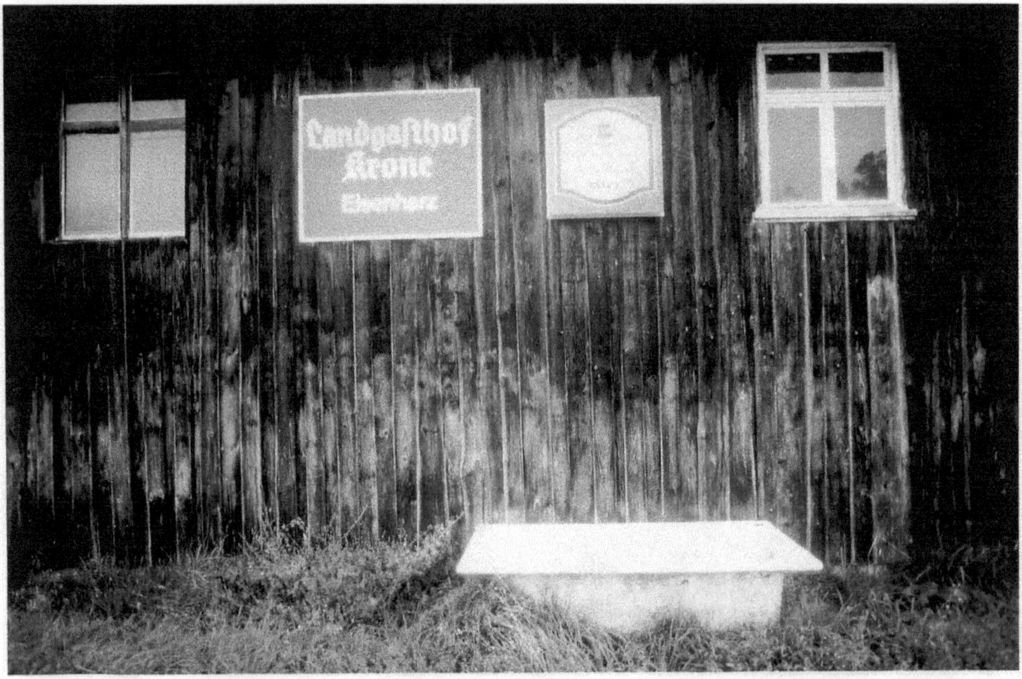
Landgasthof
Krone

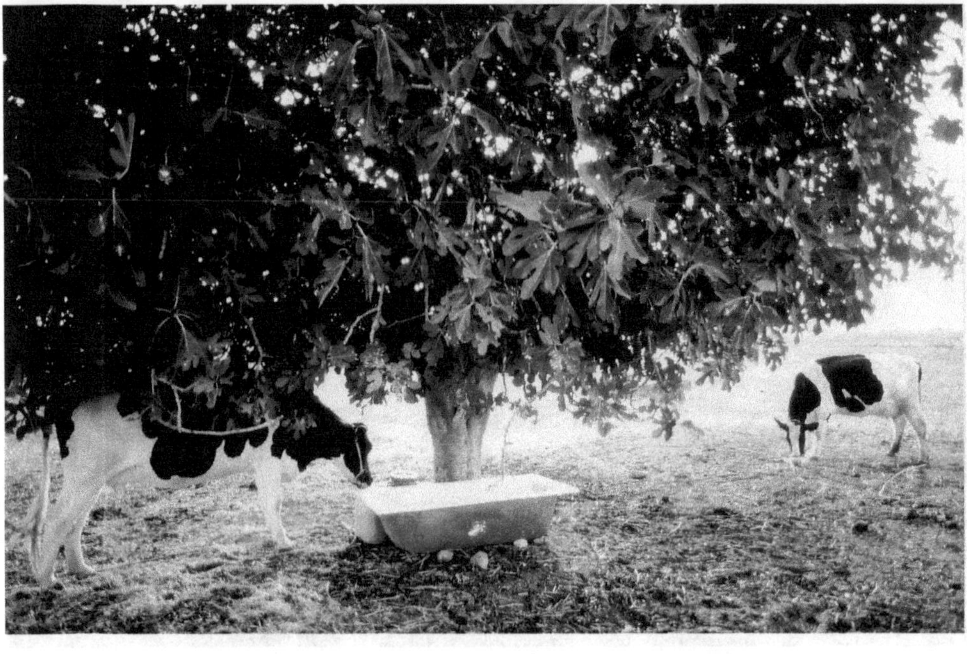

Badewannen in New South Wales und Südaustralien

Badewannen in SüdAustralien

BadewannenImpressionen mit Heinz Badeschaum auf Holsteiner Ländle

Badewannen All Over The World

Auch im Winter gibts die Möglichkeit zum Rocken

Badewanne auf HiddenSee Kloster

KanadaBadewanne Manitoba

Australische BadewannenIdylle

Einladung zum Baden in Holstein

SüdAustralische BadewannenLandschaft

Bisher erschienen oder in Vorbereitung:

Meditative spirituelle Schwangerschaftslösung *Sachbuch* & **Buddhas höchste Lehre** *Sachbuch (nach 2600 Jahren zum ersten Mal ins Deutsche übersetzt)* & **Spirituelle Transformation der Industrie** *Anleitung zur Qualitätssteigerung* . **Mit dem Solar-Kanu zur Hudson Bay** *(3000 Kilometer von Saskatchewan zu den Eisbären) Expeditionsbeschreibung* . **Kohlenhydrate Eddy** *Verrückte Erzählung.* **Modernes amerikanisches Management In München** *Wahre Kriminalerzählung* & **Die blitzartige Erleuchtung des Herrn „Z"** *Humorvolle Erzählung* & **Wiedergeburt und Erleuchtung des Jungen Werther In Marrakesch** *Humorvolle Erzählung.* **Reise zur Fraueninsel** *Komische Liebeserzählung* & **Die Realität des Geleerten** *Seltsame Erzählung mit Erfahrung des übernatürlichen Lichts* & **Sigurd Lichtlos oder die Menschwerdung eines Engels** *Meditative Kriminalerzählung* & **Als Jesus noch blödelte** *Die Witze die Jesus erzählte, der Vatikan jedoch verbot* & **Als Ich noch Jude war** *Erfahrungserzählung* & **Der Detektiv** *Detektiverzählung auf spirituellem Niveau* & **Salziger Honig** *Liebeserzählung* & **Gott mit Koffer und Handtasche auf der staubigen Landstraße zur bedingungslosen Liebe** *Poetische Erzählung* & **Abschied vom Angeln** *Erzählung* & **Mit Lachsen und Grizzlys am Babine River In British Columbia** *Erzählung* & **Sogar in Kanada lebt der Blues der Germanen** *Verrückte wilde Erzählung.* **Die Auflösung** *Tagebuch - Tage* & **Sie nannten Ihn Fuzzy** *Wenn 10-Jährige missbraucht werden, Erzählung* & **Liebe stinkt nicht** *Theaterstück* & **Der Sinn des Papalagie** *Witzige Antworten* & **Ausbildung zum spirituellen Therapeuten** *Ein persönliches Lehrbuch* & **Die Meisterin Ching Hai** & **Rosa Frühling in Montreal** *Erotische Erzählung* & **Reise zur Badewanne** & **Erleuchtung durch alkoholische Getränke** & **Psychologie der Meister** & **Demokratie Faschisssmuuus** & **Das Mantra „Mich selbst erkennen"**

Wolfgang Eckhardt Schorat
Heinrich-Heine-Straße 17 . 34596 Bad Zwesten
Telefon u. Fax 05626-1414

1. Auflage 2013
TonStrom Verlag
Heinrich-Heine-Straße 17
34596 Bad Zwesten
Tel/Fax 05626 -1414
Herstellung: BoD GmbH
Umschlag: Schorat
Layout : Schorat
© by Wolfgang Schorat
Printed in Germany

ISBN 978-3- 932209- 17- 8

webseiten von schorat

www.www.ararat-foto-ansichten.de
www.meditative-transformation-der-industrie.de
www.olhos-de-aguas-1974.de
www.nilgans-im-schwalm-eder-kreis.de
www.anleitung-zum-verhalten-in-finanzkrisen.de
www.shizzo-berlin1980.de

www.ingramcontent.com/pod-product-compliance
Lightning Source LLC
Chambersburg PA
CBHW072200160426
43197CB00012B/2463